意思決定の精度と速度を上げる

"STEPS" AND "WEAPONS" OF THE THOUGHT THAT INCREASE ACCURACY AND SPEED OF DECISION- MAKING

思考の「ステップ」と「武器」

誰でも劇的に生産性がアップする

桐原憲昭
Noriaki Kirihara

プレジデント社

はじめに

これまでの意思決定の問題

本書は、「意思決定に時間がかかりすぎる」、「意思決定の精度が低くて失敗が多い」といった悩みを持つビジネスパーソンに向けて、意思決定の精度と速度を上げて、生産性を向上させる実践的な内容の本です。日頃、ビジネスの現場で、次のように物事がうまく進まない経験はないでしょうか。

- 問題を解決しようとして、なかなか解決策が見つからず、思考が空回りしてしまう。
- 解決策が思い浮かんでも、どれを選ぶべきか、確信が持てない。
- 先入観で対象を見て、結論に走ってしまう。
- 十分に情報収集をしないで、決断を下してしまう。
- 情報収集を行っても、多くの情報をさばききれず、その決断に悩んでしまう。

現代のビジネス環境では、さまざまな情報はインターネットを通じて入手できるようになりました。信憑性がある情報とそうでない情報もありますが、判断材料としての情報入手には、さほど困らなくなりました。にもかかわらず、「何かを決める」という行為は、有益そうな情報を大量に入手したとしても決して容易ではありません。むしろ、情報過多の中で無数の情報から何を選び利用していくのか。周りのビジネススピードに追い付くために、時間的なプレッシャーの中で、いかに速く正しい決断をするのか、悩みは尽きないのではないでしょうか。考えた計画を、迅速に実行に移すことも重要ですが、それは最初の意思決定が間違っていないことが前提となります。

これまでの意思決定の問題は、決めるための過程（プロセス）が十分に語られることが少なく、手段としての案の内容に目がいきがちになることです。何のために、どのような基準で、物事を決めるのかというモノサシがあいまいなまま、方法論としての手段の是非（メリット・デメリット）を議論し、堂々巡りしてしまうことが少なくありません。

本書では、意思決定の精度と速度を上げるための思考のプロセスを紹介します。

このプロセスに沿って具体的に考えていくことで、先ほど挙げたような悩みの解決につながります。

意思決定の基本アプローチとは

はじめまして。桐原憲昭と申します。

私が「意思決定」に関心を持ったのは、今から25年以上前にさかのぼります。

「意思決定」は、英語のデシジョン・メイキング（decision making）に該当する言葉であり、判断、選択という意味を持っています。

デシジョン・メイキングの手順では、ケプナー・トリゴー・メソッドが有名です。アメリカの故チャールズ・H・ケプナー博士（社会心理学、1922〜2016）と、故ベンジャミン・B・トリゴー博士（社会学、1927〜2005）が、1950年代に開発したものです。私は、20代半ばに両博士の著書を読み、その後ケプナー・トリゴー社でデシジョン・メイキングの本質に触れ、ビジネスの諸問題を解決するお手伝いをしようと12年前に独立しました。顧客企業・組織への貢献はもちろんですが、私自身が日頃からデシジョン・メイキングの考え方を活用しています。

本書で紹介するのは、両博士の整理体系化した思考メソッドをベースに、プロセスを意思決定にフォーカスして再編成し、より実践的に使えるようにしたものです。そこに著者である私のこれまでの知識・経験も付加し、分かりやすくまとめています。

私は現在、企業のビジネスリーダーおよびリーダー候補生向けに、意思決定力の強化をはじめとする各種ビジネススキル研修プログラムの講師を務めています。これまで、株式会社日立製作所や日立グループ向けに人財育成サービスを提供している株式会社日立アカデミーをはじめとする大手企業を中心に、前職含め16年以上にわたり、のべ1万5000人以上の受講者へ、

図：意思決定の精度と速度を上げる思考のステップの概要

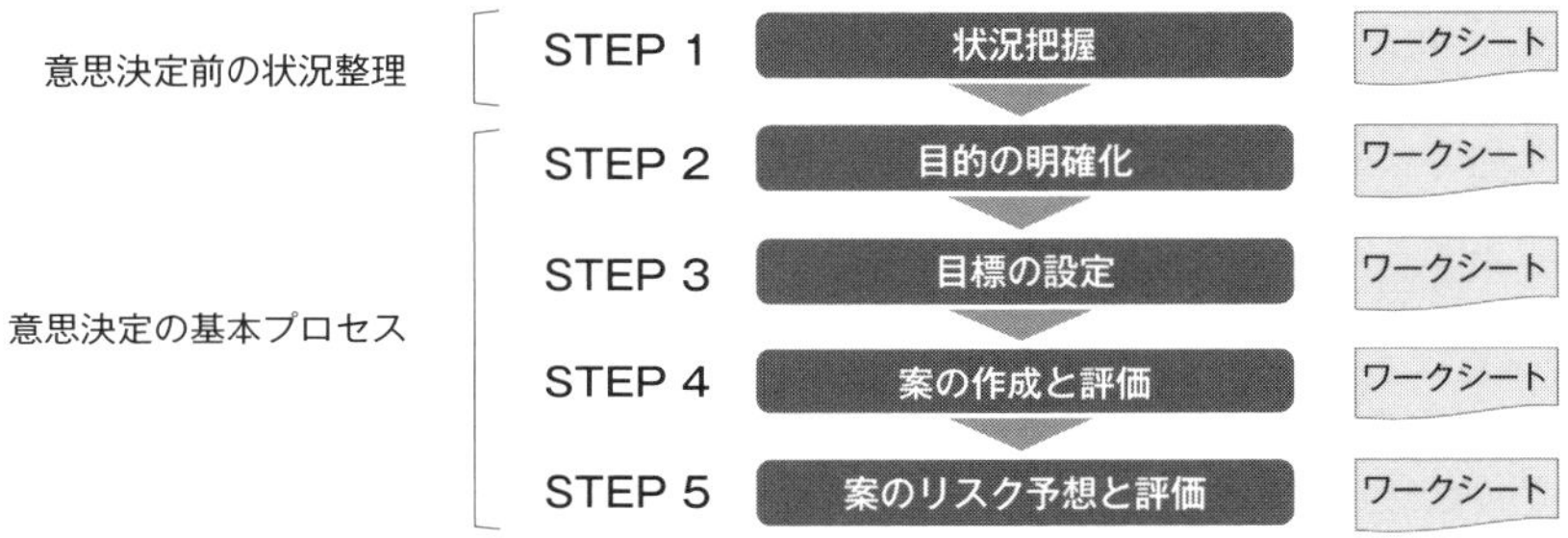

本書で紹介する意思決定の思考プロセスをベースに、社員の人材育成や組織変革のサポートをしてきました。

本書では、意思決定のための考え方であるプロセスを、上の図のように五つのステップに分け、解説していきます。

さらに、その考え方を実践できるよう、本書のタイトルにもある通り、思考の「武器」、つまりビジネスパーソンにとっての有益なツール（ワークシート）にまとめています。

この意思決定の思考プロセスを実践することにより、次のような効果が期待できます。

- 意思決定における時間・費用の無駄を極力減らすことができる。
- 情報の収集と利用の方法を改善できる。
- 相手に自分の意思決定に至った考えを正確に伝えられる。

- 各人が持っている知識・経験・情報・問題意識などを共有化できる。
- 組織内でのプロセス共有化により、集団での意思決定における思考の効率を上げることができる。

今日の知識情報化社会の中で、企業・組織における思考業務の割合は、ますます増加する傾向にあります。

本書の内容が意思決定の精度と速度を上げるきっかけになれば幸いです。

この本の使い方（ステップの全体像）

意思決定の精度と速度を上げる思考のステップ全体像

意思決定の精度と速度を上げる思考のステップは、８ページの図に示す通り、全部で五つのステップから構成されます。

ステップは、大きく前段と後段の二つに分けることができます。

【１】前段は、意思決定前の状況整理であり、ＳＴＥＰ１の状況把握がそれに相当します。

【２】後段は、意思決定の中核となるステップであり、ＳＴＥＰ２：目標の明確化、ＳＴＥＰ３：目標の設定、ＳＴＥＰ４：案の作成と評価、そしてＳＴＥＰ５：案のリスク予想と評価（最終案）から構成されます。

意思決定の精度と速度を上げる思考のステップを理解するために、ケーススタディを利用しながら各ステップの解説を進めていきます。さらに、各ステップの最後には、思考の「武器」となる活用ワークシートを添付しています。

図：意思決定の精度と速度を上げる思考のステップ全体像

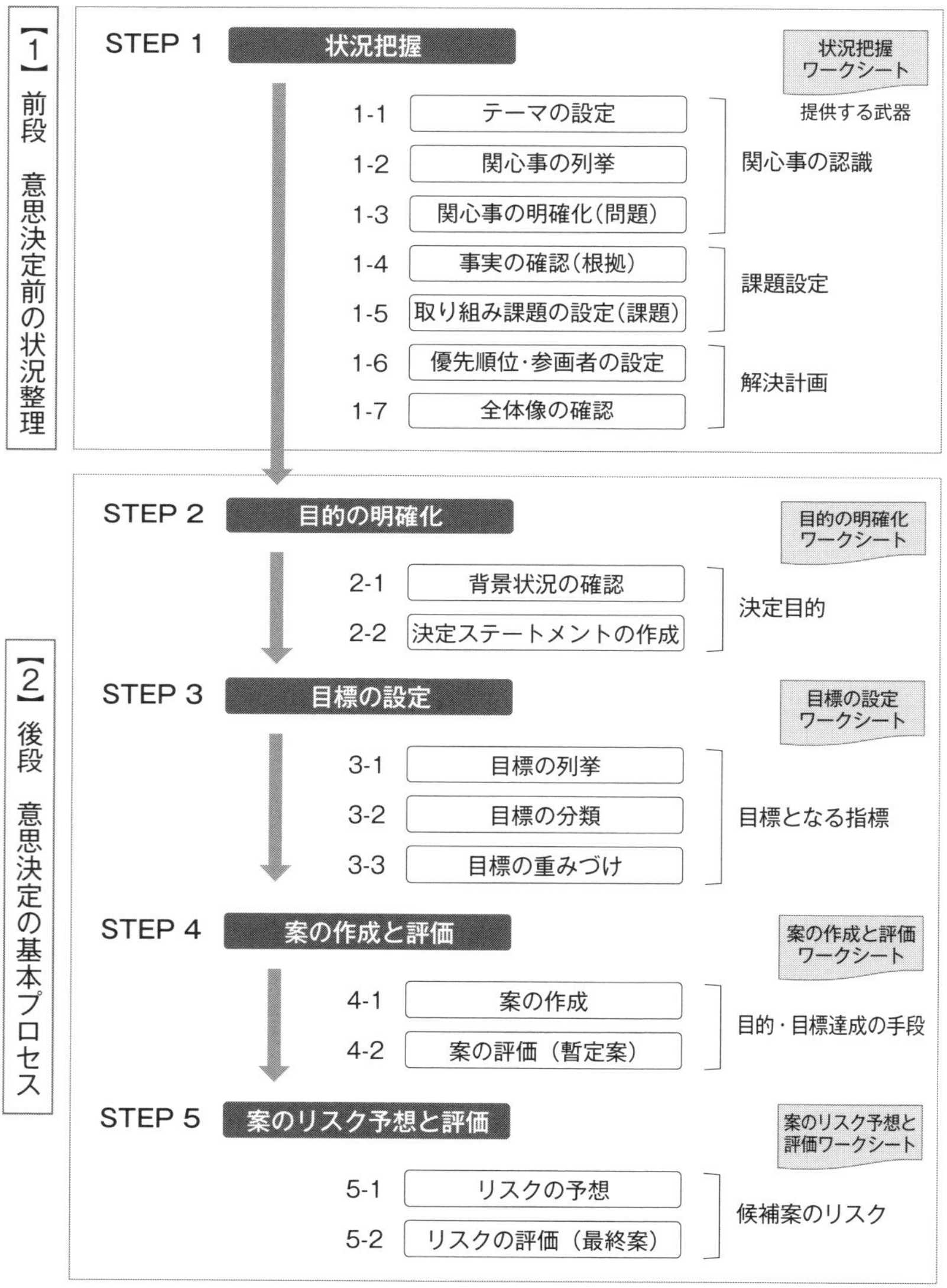
【1】前段　意思決定前の状況整理
STEP 1　状況把握
状況把握ワークシート
提供する武器
1-1 テーマの設定
1-2 関心事の列挙
1-3 関心事の明確化（問題）
関心事の認識
1-4 事実の確認（根拠）
1-5 取り組み課題の設定（課題）
課題設定
1-6 優先順位・参画者の設定
1-7 全体像の確認
解決計画
【2】後段　意思決定の基本プロセス
STEP 2　目的の明確化
目的の明確化ワークシート
2-1 背景状況の確認
2-2 決定ステートメントの作成
決定目的
STEP 3　目標の設定
目標の設定ワークシート
3-1 目標の列挙
3-2 目標の分類
3-3 目標の重みづけ
目標となる指標
STEP 4　案の作成と評価
案の作成と評価ワークシート
4-1 案の作成
4-2 案の評価（暫定案）
目的・目標達成の手段
STEP 5　案のリスク予想と評価
案のリスク予想と評価ワークシート
5-1 リスクの予想
5-2 リスクの評価（最終案）
候補案のリスク

表：ステップの項目と内容

STEP	項目	内容
1	状況把握	関心事の解決策を計画するためのプロセス
2	目的の明確化	選択決定にあたっての背景確認と、目的・決定事項を策定するプロセス
3	目標の設定	選択決定を行う際の評価基準を策定するプロセス
4	案の作成と評価	選択可能な候補案を作成し、評価を行うプロセス（暫定案）
5	案のリスク予想と評価	候補案を実行するときの将来の問題想定と、評価を行うプロセス（最終案）

なぜ、このようなプロセス／ステップを踏むのか

意思決定における思考プロセスとは、いったい何なのでしょうか。

プロセスとは、ゴールに到達するための体系立てられた一連のステップ（段取り）です。つまり、プロセスを分解した構成要素がステップということになります。

ここで、思考プロセスの重要性を分かりやすく理解するために、モノづくりの流れと対比してみたいと思います。10ページの図に示すのはモノを作る場合と、考える場合の流れを単純化したものです。ここでは、自動車メーカーを例に取って説明します。

モノを作る場合ですが、たとえば完成品となる自動車を作るには、インプットとなる原材料は、均一化するために規格化（日本ではＪＩＳ規格）されています。加工・組立のプロセスでは、作業工程を各ステップに分け、作業員による個人差を少なくするために、作業をで

図：モノづくりと考える場合の対比

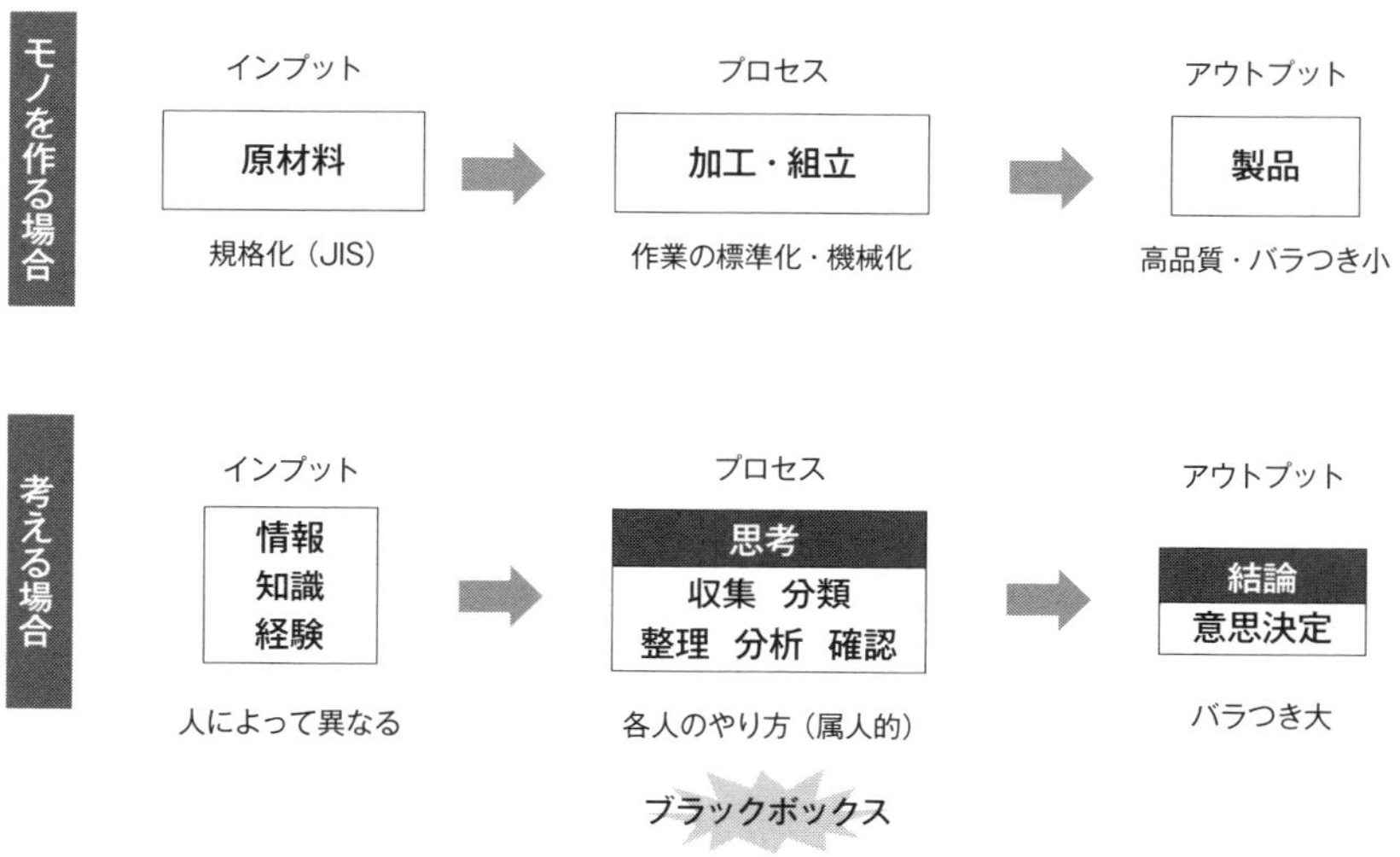

きるだけ標準化・機械化します。その結果、最終的に高品質な自動車が出来上がります。つまり、すべてのステップが目に見える形になっており、品質（Quality）、コスト（Cost）、納期（Delivery）を意識した、いわゆるQCDの取り組みが盛んに行われています。

一方、考える場合では、インプットとしての原材料が、情報・知識・経験に相当します。ところが、知識・経験は、人によって異なるのでバラつきが大きくなります。インプットをもとに、モノづくりにあたる加工・組立を、思考プロセスとして行うことになります。思考は大別すると、収集・分類・整理・分析・確認のステップに分けることができますが、ここでも各人のやり方になることが多く、内部や構造が不明になってしまいがちです。

その結果、考える場合の結論である意思決定（モノを作る場合は製品に相当）には、各人が同じ情報を持っているにもかかわらず、大きなバラつきが生じてしまうわけです。つまり、思考作業においても、モノづくり同様にこのプロセスの標準化を行い、意思決定の精度と速度を上げていく必要があるのです。ところが、思考自体は目に見えないために、思考プロセスの効率化は、あまりフォーカスされてきませんでした。

本書で紹介するプロセスとステップは、まさに思考作業の見える化をサポートする考え方となるものです。意思決定における思考プロセスを全体像で示す通り、ステップにして見える化することで、何を狙いとして、どこに重きをおいて考えたかを明らかにし、どのようなリスクを考慮したのかを、手順を踏んで考えるべきだということなのです。そうすることで、結論に至るまでの各人の考え方の違い（主観性・客観性）を明らかにすることができます。その手順は、次の流れとなります。

- 何が起こっているのかを明らかにする　⇩　STEP１　状況把握
- 何のために、何を決めたいのかを明らかにする　⇩　STEP２　目的の明確化
- 何を達成すれば、目的が実現するのかを明らかにする　⇩　STEP３　目標の設定
- 目標を実現するための候補案を複数挙げ、案を評価する　⇩　STEP４　案の作成と評価

- 候補案を実行する際のリスクを予測し、最終案を決める　⇩　STEP 5　案のリスク予想と評価

思考プロセスを理解するにあたって

これから思考プロセスをステップごとに説明していきますが、考え方の理解を促進するために、ある製造業の会社の例をケーススタディとして取り上げながら、解説していきます。なお、会社の業態は製造業ではありますが、できるだけイメージしやすいように、多くの企業や組織においても共通する、営業・マーケティング領域でのテーマを取り上げました。ここで紹介する会社の例は、架空ではありますが、著者が経験した顧客企業での議論のやり取りの例をもとに、作成しています。

この会社同様、多くの組織で見られるよくありがちな思考のクセを挙げてみます。

- 課題を定義しないままに議論する。
- 過去の経験や先入観にとらわれる。
- 結論にジャンプする。
- 自己の主張にこだわり、感情的になる。
- 声の大きい人に引きずられる。

一つ目の課題を定義しないままに議論に入ると、議論の範囲や対象が不明確なので、当然ながら人によって捉え方が異なり、議論が脱線してしまうことになりかねません。

二つ目の過去の経験や先入観にとらわれるというのは、事実を軽視した思い込みに他なりません。知識・経験は大変貴重なものですが、きちんと考える前に、それしかないと勝手に思い込んでしまうと逆効果になります。これは企業経営でもありがちな話であり、過去の成功体験に引きずられて、経営に痛手を与えた経営者はたくさんいます。

三つ目は、結論にジャンプしてしまうということです。これは、間《あいだ》の分析検討が、ぽっかり抜け落ちているケースです。

四つ目の自己の主張にこだわり、感情的になるというのは、会議などで議論が白熱してしまい、ロジックとなる論理が欠けているケースです。

五つ目の声の大きい人に引きずられるというのも、四つ目のクセに類似していますが、事実や分析結果をないがしろにして、声が大きく勢いのある人に押し切られてしまうケースとなります。

このような状況にならないように、思考プロセスの手順をしっかりと踏むことで、思考プロセスの改善を図っていきます。では、次章以降、思考プロセスの各ステップの詳細を解説します。以下のケーススタディを利用しながら解説していきますので、まずは会社概要をご確認ください。

【ケーススタディ：会社概要】

四葉アルミニウム工業株式会社（以下、四葉アルミ社）は、東京都大田区にある企業で、アルミニウム加工製品の製造・販売を手掛けている。1973年に会社が設立された当初は、大手アルミ圧延メーカーの下請け企業として、製品の二次加工を行っていた。「品質第一」という社長のモットーのもとに、その後、着実に会社は発展し、現在では売上180億円、全国6カ所に営業所を構え、社員数も350名を数えるまでに成長した。アルミ圧延メーカーとも良好な関係を保ち続け、現在でもそのメーカーから圧延材を材料として仕入れている。

正式名称：四葉アルミニウム工業株式会社

本社：東京都大田区　／　**設立年**：1973年

業務内容：アルミニウム加工製品の製造および販売。日用品としての家庭用・業務用のアルミホイル、レンジカバー、換気扇カバーなどの台所・厨房用品がある。また、一般品としての食品包装に使われる銀紙、防湿・防水シート、容器などの材料であり、中間材としてメーカーに供給している。

資本金：６億円　／　**従業員数**：350名

売上高：180億円　／　**利益**：6.5億円　（今年度見込み）

業界シェア：第３位（昨年度の販売実績）

事業所：本社、工場（本社に隣接）

営業所：６カ所（東京・名古屋・大阪・札幌・仙台・福岡）

物流センター：６カ所（各営業所に隣接）

得意先：メーカー50社、商社・代理店50社、問屋150社

意思決定の精度と速度を上げる思考の「ステップ」と「武器」◎目次

はじめに……2
これまでの意思決定の問題
意思決定の基本アプローチとは

この本の使い方（ステップの全体像）……7
意思決定の精度と速度を上げる思考のステップ全体像……7
なぜ、このようなプロセス／ステップを踏むのか……9
思考プロセスを理解するにあたって……12
【ケーススタディ：会社概要】……14

第1章 状況把握（STEP 1）

状況を把握するとは …… 26
【ケーススタディ：状況把握】 …… 27
状況把握の進め方と武器（全体像とワークシート） …… 30
1－1 テーマの設定 …… 34
1－2 関心事の列挙 …… 35
1－3 関心事の明確化（問題） …… 38
1－4 事実の確認（根拠） …… 41
1－5 取り組み課題の設定（課題） …… 44
1－6 優先順位の設定 …… 47
1－7 全体像の確認 …… 52

まとめ（本ステップの価値）……54
【STEP 1で提供する武器】状況把握ワークシート（事例付き）……59

第2章 目的の明確化（STEP 2）

まずは何を決めるか……64
【ケーススタディ：目的の明確化】……65
目的の明確化の進め方と武器（全体像とワークシート）……66
2-1 背景状況の確認……69
2-2 決定ステートメントの作成……71
まとめ（本ステップの価値）……75
【STEP 2で提供する武器】目的の明確化ワークシート（事例付き）……78

第3章 目標の設定（STEP 3）

決定にはモノサシが不可欠 …… 82
【ケーススタディ：目標の設定】 …… 83
目標設定の進め方と武器（全体像とワークシート） …… 84
3－1　目標の列挙 …… 87
3－2　目標の分類 …… 92
3－3　目標の重みづけ …… 95
まとめ（本ステップの価値） …… 97
【STEP 3で提供する武器】　目標の設定ワークシート（事例付き） …… 100

第4章

案の作成と評価（ＳＴＥＰ ４）

案は目的・目標の手段 …… 104
【ケーススタディ：案の作成と評価】 …… 106
案の作成と評価の進め方と武器（全体像とワークシート） …… 106
４－１　案の作成 …… 110
４－２　案の評価（暫定案） …… 114
まとめ（本ステップの価値） …… 122
【ＳＴＥＰ ４で提供する武器】 案の作成と評価ワークシート（事例付き） …… 125

第5章 案のリスク予想と評価（STEP 5）

リスクとは何か……130
【ケーススタディ：案のリスク予想と評価】……131
案のリスク予想と評価の進め方と武器（全体像とワークシート）……132
5－1　リスクの予想……135
5－2　リスクの評価（最終案）……141
まとめ（本ステップの価値）……145
【STEP 5で提供する武器】　案のリスク予想と評価ワークシート（事例付き）……148

第6章 ビジネスへの応用

実務に適用する……152
【ケーススタディ1】品質トラブルの事態に、どのように対処するか？……154
【ケーススタディ2】フィールドサービスセンターの代替先の選定を行う……159

おわりに……171
グローバル時代に求められる「考え方」の共有
変化が激しい時代だからこそ、考えるためのプラットフォームを持つ

特別付録

意思決定の精度と速度を上げる思考のステップ全体像……176
ステップ項目と内容の一覧表……177
ステップ項目とポイント（プロセス質問）の一覧表……179
ＳＴＥＰ１　状況把握ワークシート……182
ＳＴＥＰ２　目的の明確化ワークシート……184
ＳＴＥＰ３　目標の設定ワークシート……185
ＳＴＥＰ４　案の作成と評価ワークシート……186
ＳＴＥＰ５　案のリスク予想と評価ワークシート……188

参考文献……189

第1章

状況把握

STEP 1

"STEPS" AND "WEAPONS" OF THE THOUGHT
THAT INCREASE ACCURACY AND SPEED OF
DECISION- MAKING

状況を把握するとは

混とんとしたビジネスの現場で、どのように実態を効率良く把握し、その状況に対応するとよいのでしょうか。

たとえば、何らかのトラブルが発生した直後の場面をイメージしてみてください。このようなとき、欲しい情報が不足したり、情報が錯綜《さくそう》していることが多く、最初の段階ですべてが分かることなどあり得ません。そのため、適切な対策を打とうにも、とても難しい判断（意思決定）を迫られる状況になります。陥りがちな失敗として、早急な対応が必要であるとして、起きているトラブルに対して矢継ぎ早に手を打ってみたものの、その効果がなく、逆に状況を悪化させてしまうケースがあります。逆に、もう少し様子を見てみようとして放置すると、手遅れになるケースもあります。

意思決定を行う上で、まず重要なことは、直面する状況を的確に把握することです。状況を把握するとは、実際にどのようなことなのでしょうか。

基本的な考え方で大切なのは、直面する状況を分解し、分けて考えることによって知ることです。意思決定の精度と速度を上げるためには、本書の冒頭の「この本の使い方」で示した思考のステップ全体像にあるように、全部で五つのステップがある中で、とりわけ一番目の状況把握が第一歩となります。ここでは、四葉アルミ社のケーススタディを題材に取りながら、状況把握を実際に行ってみましょう。

【ケーススタディ：状況把握】

とある日、四葉アルミ社では、来期に向けた経営会議において、次のような議論がなされていた。

- 現在、四葉アルミ社の市場シェアは、日用品（家庭用・業務用のアルミホイル、レンジカバー、換気扇カバーなど）13％、一般品（食品包装に使われる銀紙、防湿・防水シート、容器などの中間材）が10％に過ぎず、市場への影響力は小さい。
- 来期、日用品、一般品ともに2％のシェア拡大を目指しているが、市場に対する影響力を持つには、20％以上のシェア確保が必要である。5年後には、業界1位を狙いたい。
- 品質面、価格面での差別化も考えていかなくてはならないが、市場における最大のニーズは、エンドユーザーである顧客ニーズをいち早く反映できる製品開発とその納入体制だと考えている。そのためには、マーケットインの姿勢が求められる。
- 顧客の要求もさまざまで細かくなっており、インターネットからの情報にも左右されている。昨年、当社の製品がネットで話題になったが、タイムリーに商品を供給できないことがあった。数カ月後に供給体制を整えたときには、類似製品が出回っており、大量の在庫を抱え込む事態となったのは記憶に新しい。

物流の迅速化の取り組みは、競合である業界2位のX社が、1年後に日用品のジャストインタイムの即納体制を実現することを、小売り各社の顧客に約束しているようだ。当社も物流の迅速化に乗り遅れると、シェア拡大どころか事業存続の危機すら招きかねない。

- 品質・価格面では、トップ3社にあまり大きな差はないが、強いて言えば業界トップのY社は製品開発力が優れており、アルミペーストやアルミパウダーといった領域にも進出して、それなりのシェアを確保している。物流のスピードは、全国規模では現時点では当社とそこまで変わらないと聞いているが、大都市圏近郊においてはすでに即納体制が整備されている。また、経営陣の意思決定が速く、今後の動きには要注意である。
- 納期遅れに対するクレームや問い合わせが、すべて営業部にかかってきており、顧客からの問い合わせ対応で、営業のリソースが費やされている。また、営業部の残業時間も非常に多い。
- 今年に入り、退職者が若手を中心に散見されている。新しい人事制度へ不満の声もあがっている。

この後も、活発な議論が長く続くものの、話題が多岐にわたり、混とんとしてきた模様である。

さて、皆さんが経営幹部の立場であれば、この状況をどのように整理し、行動しますか？

今期実績（見込み）

	売上高（百万円）	利益（百万円）	売上高利益率
日用品	8,000	250	3.13%
一般品	10,000	400	4.00%
合計	**18,000**	**650**	**3.61%**

日用品のシェア

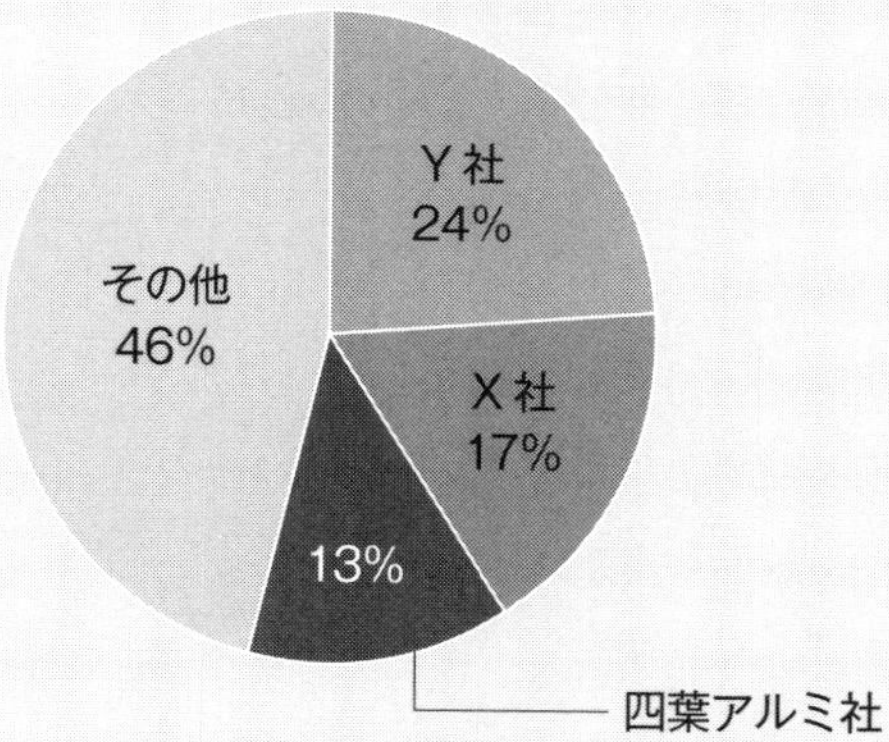

一般品のシェア

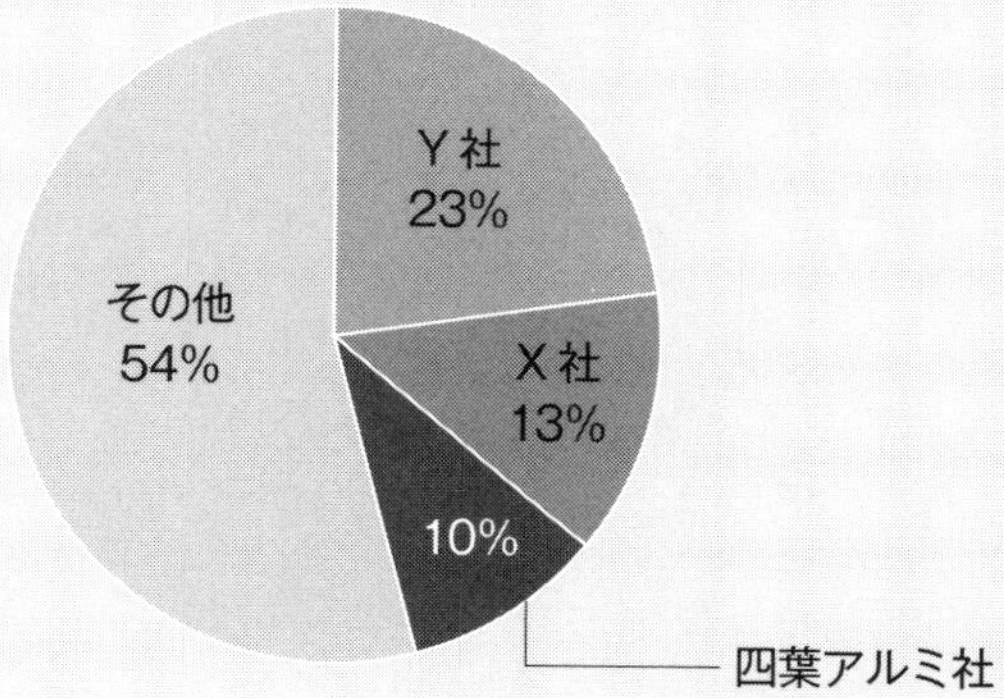

状況把握の進め方と武器（全体像とワークシート）

ケースの内容について解説する前に、考え方となるＳＴＥＰ １：状況把握プロセスの全体像を見ていきます。次の図にあるように、まずは状況把握を行いたい対象の範囲をテーマとして設定し、気になる関心事を列挙・整理をしながら、関心事の明確化を行います。そして、事実となる根拠を踏まえて課題化を行います。さらに、それらの課題に優先順位をつけ、全体の整合性を確認していきます。具体的には、31ページの表のように七つのサブステップの項目と内容から構成されます。32～33ページの図は、状況把握のプロセスで利用する武器となるワークシートの概要です。このように各サブステップの項目が、ワークシートのそれぞれの領域に対応します。

図：STEP 1　状況把握プロセスの全体像

STEP 1	状況把握	
1-1	テーマの設定	関心事の認識
1-2	関心事の列挙	関心事の認識
1-3	関心事の明確化（問題）	関心事の認識
1-4	事実の確認（根拠）	課題設定
1-5	取り組み課題の設定（課題）	課題設定
1-6	優先順位・参画者の設定	解決計画
1-7	全体像の確認	解決計画

ワークシートを活用する狙いは、状況把握の考え方のプロセスをステップ・バイ・ステップで実践すること、そして、プロセスにおける情報の可視化を行うことです。具体的には、テーマに対して関心事

表：サブステップの項目と内容

STEP	項目	内容
1-1	テーマの設定	対象（オブジェクト）と範囲（スコープ）を明確にする。
1-2	関心事の列挙	気になっていること、手を打たなければならないことなどを関心事として列挙する。
1-3	関心事の明確化（問題）	関心事の中で意味や意図がはっきりしないものを再記述・整理する。
1-4	事実の確認（根拠）	関心事に関わる事実を具体的に確認する。
1-5	取り組み課題の設定（課題）	細分化された関心事（問題）を実行すべき事柄として、課題化する。
1-6	優先順位・参画者の設定	設定された取り組み課題に、どこから手を付けるのかの優先順位をつける。
1-7	全体像の確認	設定した取り組み課題の相互関係を整理し、抜け漏れの確認をする。

とそれに関連する事実を見える形にして体系化し、取り組み課題を設定していきます。

一見すると、このようなシートに書き込むことを面倒と思うかもしれません。しかし、必要な項目に必要な状況を入れて可視化することで、その後の意思決定の精度と速度が飛躍的にアップします。さらに、情報の有無と思考の流れが見えることで、本人や周りの協力者たちも正しい状況を共有して理解することができるようになります。もし、事実情報に誤認があれば、情報を正すこともできますし、足りない情報は、互いが協力して積極的に取りにいくこともできます。

では、ステップ順にその詳細を説明するとともに、四葉アルミ社のケースを状況把握ワークシートに適用しながら、使い方を具体的に見ていきましょう。

立場：

課題設定	解決計画	
取り組み課題の設定（課題）	優先順位	参画者
◇ 決定する　◇ 原因を究明する ◇ リスク対策をする　◇ 調査する ◇ 実施する　◇ 課題を再設定する	ＳＵ評価 （重要度Ｓと緊急度Ｕの各要素について高低を評価し、優先度を順位づけする評価方法）	誰が
1-5　取り組み課題の設定（課題） 細分化された関心事（問題）を実行すべき事柄として、課題化する。	1-6　優先順位・参画者の設定 設定された取り組み課題に、どこから手を付けるのかの優先順位をつける。	
1-7　全体像の確認 設定した取り組み課題の相互関係を整理し、抜け漏れの確認をする。		

図：STEP 1　状況把握ワークシートの概要

【STEP1】 状況把握ワークシート

状況把握テーマ：

1-1　テーマの設定 対象（オブジェクト）と範囲（スコープ）を明確にする。

関心事の認識		課題設定
関心事の列挙	**関心事の明確化（問題）**	**事実の確認（根拠）**
◇気になっていることは何か？ ◇問題と思われることは何か？	◇関心事の意味・意図をハッキリさせる。 ◇関心事の整理を行う（従属関係）。	◇起きたこと（何が、いつ、どこで、どの程度）を確認する。 ◇推定、判断などは注記を付ける。また、確認できていないことは調査する。
1-2　関心事の列挙 気になっていること、手を打たなければならないことなどを関心事として列挙する。	**1-3　関心事の明確化（問題）** 関心事の中で意味や意図がはっきりしないものを再記述・整理する。	**1-4　事実の確認（根拠）** 関心事に関わる事実を具体的に確認する。

1―1　テーマの設定

テーマの設定とは、議論を始める前に何をどこまで考えるのか、対象（オブジェクト）と範囲（スコープ）を決めることです。なぜ、状況把握の一番初めに、さまざまな情報の整理でもなく、テーマの設定が必要となるのでしょうか。それは、思考や議論の脱線を防止するためです。情報が錯綜しているときこそ、的を絞った思考や議論が必要となります。先ほどの四葉アルミ社のケースでは、次のようにテーマを設定することができます。

テーマ：四葉アルミ社の来期プランにおける重要課題の設定　**立場**：経営幹部

この場合の範囲は、「四葉アルミ社」であり、どこまでの領域を取り扱うのかを明確にします。また、対象となるのは「来期プラン」であり、これから行う作業行為のターゲットを表します。このように、対象と範囲を絞ることで、集中して思考作業を進めることができます。そうしないと、話がかみ合わない事態になりかねません。

テーマを設定することで、この領域に関係のない議題や議論を排除し、結果的に思考作業の生産性を向上させることにつながります。合わせて、立場を明記しておくといいでしょう。立場は、この状況把握プロセスを誰の視点でまとめたのかを知る参考情報となります。

「四葉アルミ社の重要課題の設定」というようなテーマにした場合、範囲は明確ですが、対象が絞られていません。今、早急に状況把握したいのは来期プランに関するものであり、その他のプラン（たとえば、中長期プラン）はいったん分けて考えるほうが効率的です。

最後に、これから各サブステップの説明を進めていく際に、そのノウハウを生かす質問のテクニックを紹介します。各サブステップの定義と目的を理解するとともに、各サブステップのポイントを質問形にして覚えると分かりやすくなります。質問形にすることで、実際の情報収集の際に、そのまま質問を自らに問いかける、あるいは相手に質問をすることで、何をどう考えたかの思考の道筋を素早く追いかけてフォローすることができるようになります。

【テーマの設定のポイント】

- 何について状況把握をしたいのか?
- 領域（サイズ・時間）と対象は、適切か?
- 誰の立場で行うのか?

1-2 関心事の列挙

テーマ（対象と範囲）が正しく定まって、何についての議論をするのかが決まったら、そのテーマについての関心事を列挙します。関心事とは、気になっていること、手を打たなければならないこと、おかしいと感じていることなど、解決を必要としている事柄です。

状況を客観的、冷静に掴み、隠れている問題を浮かび上がらせるために、その関心事となる直面している状況を一つひとつ列挙し、一覧化させることが何よりも重要です。いわば、問題の棚卸しのようなものですが、まだ問題となる前の気づきも含めた広い捉え方だと考えるといいでしょう。ここでは、問題と言える状況ではない懸念事項のものも含めて、気になる関心事として次々と挙げていきます。それには、脅威となるネガティブなものだけではなく、将来機会となるポジティブなものも含まれます。

では、四葉アルミ社のケースで見てみましょう。経営会議で幹部が気になっていることを、関心事として次のように列挙してみました（上の図のA〜E）。

関心事を列挙する際には、次の3点に注意してください。

①すばやく箇条書きにする

とにかく気になる関心事を書き出していきます。箇条書きにすることによって、気になる点が可視化されます。複数のメンバーで行う際には、長々と「説明セズ、批判セズ、議論セズ」の三セズで行うとよいでしょう。そうすることで、全体像を掴

図：関心事の列挙の例

関心事
A：市場シェアの拡大。
B：マーケットインの姿勢。
C：競合の動きを把握したい。
D：納期遅れに関する問い合わせが多い。
E：退職者が散見される。

む前に、個別の関心事に時間が費やされるのを防ぐことができます。四葉アルミ社のケースでも、個別の関心事について詳しく説明しながら議論していたら、時間がかかってしまうので、まずは書き出すことで全体像を掴むことが大事です。

②あらゆる関心事を列挙する

気がついたことをすべて網羅するように心がけながら、列挙していきます。どこに問題があるのか分からないので、予断をもたずに多面的に関心事を挙げます。これは、俯瞰《ふかん》的に物事を抜け漏れなく見ることにもつながります。たとえば、四葉アルミ社のケースにおいて、シェア拡大に関する話題が大きくはなっていますが、退職者の話も組織体制の重要な問題をはらんでいる可能性があるため、カバーしておくことが大事です。場合によっては、テーマに応じてビジネスフレームワークの視点（自社、顧客、競合など）を活用するのも、多面的に関心事を洗い出す上で有効です。

③簡潔にまとめる

長文で書き出すと読むのに時間がかかって、非常に効率が悪くなります。一目で関心事が分かるように記述します。詳しく書きたくなる衝動を抑えて、過不足ない記述に留めましょう。要は、関係者が共通の認識を持ち、何が関心事なのかが伝われば十分なのです。たとえば、四葉アルミ社のケースでも、「市場シェアの拡大」や「マーケットインの姿勢」など、短く簡潔な表現でまとめられています。まずは視点（切り口）のレベルで分かることが大事です。

【関心事の列挙のポイント】

- 気になることがあるか？
- 問題があるか？
- どのような選択決定をする必要があるのか？
- 達成すべきことがあるか？
- 他に心配事やチャンスはあるか？

1－3　関心事の明確化（問題）

関心事の明確化とは、関心事の中で意味や意図がはっきりしないものを再記述・整理することです。関心事の列挙では、とにかく気になる関心事をすばやく箇条書きの形で書き出しました。そうすると、中には不明確でぼやけた、あいまいなものも列挙されてしまいます。三セズで議論した場合には、関心事の列挙の際に議論をしないため、特にその傾向が強く表れます。

では、四葉アルミ社のケーススタディで見てみましょう。39ページの図のA－1～E－1のように、列挙した関心事の意味・意図をはっきりさせ、再記述を行います。特に、何をしたいのかを明確にしていきます。たとえば、言葉の語尾を「～したい」あるいは「～しなければな

図：関心事の明確化

関心事の認識	
関心事の列挙	**関心事の明確化（問題）**
A：市場シェアの拡大。	A-1：来期、日用品、一般品の市場シェアをそれぞれ2%拡大させたい。 A-2：20%以上のシェアを確保し、5年後に業界1位を狙いたい。
B：マーケットインの姿勢。	B-1：顧客ニーズをいち早く反映できる製品開発を行いたい。 B-2：物流の迅速化を行い、即納体制を実現したい。
C：競合の動きを把握したい。	C-1：競合の動きを把握したい。
D：納期遅れに関する問い合わせが多い。	D-1：顧客開拓への営業活動の時間を確保したい。
E：退職者が散見される。	E-1：退職者への対応をしなければならない。

らない」と表現すると、何をしたいのか、何をしなければならないのか、その意味・意図がより分かりやすくなります。

C－1のようにすでに意味・意図がはっきりしている関心事の再記述は必要ありません。

明確化する際には、関心事の整理を合わせて行います。大きく複雑な塊の関心事、つまり団子のような状態になっているものは、整理を行います。

たとえば、関心事Aにある「市場シェアの拡大」というのは、二つの意味合いである「来期、日用品、一般品の市場シェアをそれぞれ2％拡大させたい」と「20％以上のシェアを確保し、5年後に業界1位を狙いたい」が混在しているので、これを分けて明確にするわけです。整理を行う際には、次の三つの注意点に気をつけてください。

①親子関係の関心事の場合

親子関係の関心事とは、ある関心事Aが、別の関心事Bの一部を述べているものを指します。つまり、関心事Bが親で、関心事Aが子になります。たとえば、先ほどの市場シェアの拡大もこれに当てはまります。将来の20％以上のシェア確保という親の関心事に対して、来期の2％アップというのは子の関心事となり、包含される関係にあります。このように、親子関係の階層化（構造化）を行います。

②関心事が重複して列挙されている場合

最適な関心事を一つだけ残して他は削除します。但し、意味の異なる関心事は、別関心事として列挙します。たとえば、「日用品の今期予算を達成したい」と「日用品の売上目標をクリアしなければならない」は、同じ意味なのでどちらか一方を削除します。「一般品の今期予算を達成したい」と「一般品の売上低迷に対処しなければならない」であれば、これまでほぼ順調で推移してきたが確実なものにするという意味と、これまで順調に推移してこなかったため原因を究明する必要がある、との意味で関心事がまったく異なります。よって、この場合は別々に取り扱うこととします。

③多数の関心事が列挙されている場合

類似した関心事は、分類してグルーピングを行い、それを関心事とします。特に、複数のメンバーで議論しているときには、多様な関心事が異なる類似の表現で、列挙されることが多くなります。

【関心事の明確化のポイント】

- その関心事の意味や意図は何か?
- それを具体的に言うと何か?

1-4　事実の確認（根拠）

事実の確認とは、関心事に関わる事実を具体的に確認することです。つまり、関心事を列挙した背景となる根拠です。関心事で挙げられた一つひとつは、あくまで気づきとしての気になる事象（見方や切り口）であり、裏付けを行う必要があります。言い換えると、状況把握の分析者が主観的に列挙した関心事を、ここでは事実（ファクト）ベースで確認を取ることにより、客観的に見ていくということになります。

逆に、事実に基づかない場合は、結論の信憑性が疑われてしまう可能性があります。事実が重要であることには、異論がないとは思いますが、事実ベース偏重になりすぎると、あらゆる事実情報を探し出すことに時間が浪費され、機会を失ってしまうことにもなりかねません。だからこそ、主観的に気になる関心事を絞り込み、その関心事についての事実情報を集めることで、客観性を高めていく必要があるのです。

では、四葉アルミ社のケースで見てみましょう。

明確化された関心事の関連事実を、具体的に書き出していきます。このとき、左の図のB－1－2やE－1－2のように意見・推定の情報に対しては、いったん意見・推定のラベルを張っておくとよいです。これらの意見・推定の情報については、このあとで調査を行い、事実関係を明確にしていきます。特に、トラブルが発生した初期の状況では、情報が錯綜していることが多いので、実態の把握は非常に重要なステップとなります。事実情報を記述する際には、言葉だけでなく図表、写真、図面、チャートなどを使って、状況把握ワークシートに添付することも有効です。

【事実の確認（根拠）のポイント】

- 関心事の背景となる事実（根拠）は何か？
- 関連事実は？
- 把握できていない事実は？
- 何が、どこで、いつ、どの程度？

図：事実の確認（根拠）

関心事の認識	課題設定
関心事の明確化（問題）	**事実の確認（根拠）**
A-1：来期、日用品、一般品の市場シェアをそれぞれ2%拡大させたい。	A-1-1：日用品（家庭用・業務用）の市場シェアは13% A-1-2：一般品（中間材）の市場シェアは10%
A-2：20%以上のシェアを確保し、5年後に業界1位を狙いたい。	A-2-1：市場に対する影響力を持つには、20%以上のシェアが必要とされる。 A-2-2：日用品のシェアは、Y社が24%でトップ、X社が17%を占める。 A-2-3：一般品のシェアは、Y社が23%でトップ、X社が13%を占める。
B-1：顧客ニーズをいち早く反映できる製品開発を行いたい。	B-1-1：市場の顧客ニーズが細分化してきている。 B-1-2：インターネットからの情報に、大きな影響を受けている。（意見）
B-2：物流の迅速化を行い、即納体制を実現したい。	B-2-1：口コミで商品情報が広がると、一気に品薄になる。 B-2-2：商品を投入しても、タイミングを逃すと大量在庫を抱えてしまうことがあった。
C-1：競合の動きを把握したい。	C-1-1：競合各社と品質・価格面での大きな差はない。 C-1-2：X社が1年後に日用品のジャストインタイムの即納体制の実現を顧客に約束。 C-1-3：Y社の製品開発力は優れている。
D-1：顧客開拓への営業活動の時間を確保したい。	D-1-1：納期遅れに対するクレームや問い合わせが営業部に入ってきている。 D-1-2：問い合わせ対応で手一杯の状態となり、残業時間も多くなっている。
E-1：退職者への対応をしなければならない。	E-1-1：今年に入り、若手を中心に退職者が散見されている。 E-1-2：新しい人事制度への不満の声も聞かれる。（推定）

※不確かな情報には、いったん（意見）（推定）などのラベルを貼っておくとよい。
※図表、写真などを添付してもよい。

1－5　取り組み課題の設定（課題）

これまでの作業の過程で、問題事象の実態がかなり見えているはずです。次は、細分化された関心事（問題）を実行すべき事柄として、課題化を行います。問題を解決するには、何らかの行動を起こす必要があり、その行動を明確に述べたものが課題ということになります。

取り組み課題の設定とは、問題解決のために取るべき諸行動を明確に設定し、記述することを意味します。一般的に、一つの問題を解決するには、複数の行動が必要である場合が多く、複数課題を設定することになります。問題は受け身的な捉え方なのに対して、課題は行動に結びつく積極的な意味合いがあります。つまり、問題を課題化することで、次の行動が明確になります。このように、問題と課題を意識して使いこなすと、思考作業はかなり効率的に進めることができるようになります。

45ページの図は、取り組み課題を設定する際の要領になります。大きく六つのパターンに分類され、事実から具体的にどのような分析・行動が、必要なのかを発想し記述します。

では、四葉アルミ社のケースで、取り組み課題の設定を見てみましょう。46ページの図のA－1－1、A－1－2の事実をもとに、まずは日用品、一般品の市場調査を行います。そして調査に基づいて、来期に向けた市場拡大のための対策を決めます。次に、A－2－1、A－2

図：取り組み課題を設定する際の分類

	場合		取り組み課題の設定
1	最適案を決定する必要がある場合	➡	～を決定する（決める）
2	原因究明が必要な場合	➡	～の原因を究明する
3	将来のリスク対策を考える必要がある場合	➡	～のリスク対策をする
4	必要な情報が手元にない場合	➡	～を調査する
5	これ以上分析は必要とせず、単に実行すればよい場合	➡	～を実施（実行）する
6	上記が判断できずに、さらなる状況把握が必要な場合	➡	～について、状況把握を再度行う（課題を再設定）

−2、A−2−3の事実をもとに、中長期の経営課題として再設定を行います。これは、今回のテーマの時間軸である来期プランの範囲を超えているので、あらためて別テーマとして課題を再設定することを意味します。つまり、テーマを「四葉アルミ社の中長期プランにおける重要課題の設定」として、状況把握をあらためて行います。

次は、B−1−1、B−1−2の関連事実から、インターネットと購買動向に関する調査を行い、その後、顧客ニーズをいち早く把握するための対策を決めます。

並びにB−2−1、B−2−2の関連事実から、物流迅速化のための対策を決めます。

競合の動きについては、C−1−1から競合各社と品質・価格面での差はないと認識しているものの、C−1−2、C−1−3の関連事実からX社、Y社の動きが気になることから、競合に関す

図：取り組み課題の設定

課題設定	
事実の確認（根拠）	**取り組み課題の設定（課題）**
A-1-1：日用品（家庭用・業務用）の市場シェアは 13% A-1-2：一般品（中間材）の市場シェアは 10%	日用品、一般品の市場調査を行う。[A-1-1, A-1-2] 上記に基づき、来期に向けた市場シェア拡大のための対策を決める。
A-2-1：市場に対する影響力を持つには、20%以上のシェアが必要とされる。 A-2-2：日用品のシェアは、Y 社が 24%でトップ、X 社が 17%を占める。 A-2-3：一般品のシェアは、Y 社が 23%でトップ、X 社が 13%を占める。	中長期の経営課題として再設定する。[A-2-1, A-2-2, A-2-3]
B-1-1：市場の顧客ニーズが細分化してきている。 B-1-2：インターネットからの情報に、大きな影響を受けている。（意見）	インターネットと購買動向に関する調査を行う。[B-1-2] 上記に基づき、顧客ニーズを把握するための対策を決める。[B-1-1]
B-2-1：口コミで商品情報が広がると、一気に品薄になる。 B-2-2：商品を投入しても、タイミングを逃すと大量在庫を抱えてしまうことがあった。	物流迅速化のための対策を決める。[B-2-1, B-2-2]
C-1-1：競合各社と品質・価格面での大きな差はない。 C-1-2：X 社が 1 年後に日用品のジャストインタイムの即納体制の実現を顧客に約束。 C-1-3：Y 社の製品開発力は優れている。	競合に関する実態調査を行う。[C-1-1, C-1-2, C-1-3]
D-1-1：納期遅れに対するクレームや問い合わせが営業部に入ってきている。 D-1-2：問い合わせ対応で手一杯の状態となり、残業時間も多くなっている。	納期遅れに関する顧客対応の暫定対策を決める。[D-1-1, D-1-2] 上記に基づき恒久対策を決める。
E-1-1：今年に入り、若手を中心に退職者が散見されている。 E-1-2：新しい人事制度への不満の声も聞かれる。（推定）	退職者（予備軍含む）の理由から原因を究明する。[E-1-1, E-1-2] 上記に基づき対策を決める。

る実態調査を行うものとします。

納期の遅れに関する問い合わせについては、D－1－1、D－1－2の関連事実が挙がっていることから、まずは緊急に対応すべく、納期遅れに関する顧客対応の暫定対策を決めます。そして、その後に恒久対策を決めるものとします。

退職者の対応については、E－1－1、E－1－2の関連事実（推定含む）から、退職者（予備軍含む）の理由から原因を究明し、そのあとで対策を決めることとします。


【取り組み課題の設定（課題）のポイント】

- 選択をする必要があるか？
- 原因究明を行う必要があるか？
- リスク対策を行う必要があるか？
- 不足情報の調査を行う必要があるか？
- 実施をする必要があるか？
- さらなる状況把握を行う必要があるか？

1－6　優先順位の設定

次は、設定された取り組み課題に、どこから手を付けるのかの優先順位をつけます。どの課題により多くの経営資源となるリソースを投入するかを、見極めるということになります。そ

図：優先順位の決定

課題設定	解決計画			
取り組み課題の設定（課題）	優先順位			参画者
日用品、一般品の市場調査を行う。[A-1-1, A-1-2]	H	H	◎	マーケティング
上記に基づき、来期に向けた市場シェア拡大のための対策を決める。	H	M	◎	営業部門
中長期の経営課題として再設定する。[A-2-1, A-2-2, A-2-3]	H	L	△	経営企画
インターネットと購買動向に関する調査を行う。[B-1-2]	H	H	◎	マーケティング
上記に基づき、顧客ニーズを把握するための対策を決める。[B-1-1]	H	M	◎	マーケティング
物流迅速化のための対策を決める。[B-2-1, B-2-2]	H	H	◎	物流部門
競合に関する実態調査を行う。[C-1-1, C-1-2, C-1-3]	M	M	○	マーケティング
納期遅れに関する顧客対応の暫定対策を決める。[D-1-1, D-1-2]	H	H	◎	営業部門
上記に基づき恒久対策を決める。	M	L	△	物流部門
退職者（予備軍含む）の理由から原因を究明する。[E-1-1, E-1-2]	M	H	○	人事部門
上記に基づき対策を決める。	M	M	○	人事部門

重要度　緊急度

の結果、無駄な思考や行動を避けることができます。優先順位は、重要度と緊急度の二つから分析します。

重要度……組織や業務にとって、その課題がどれほど重要な意味を持っているのか

緊急度……その解決を図るのに、どれほどの時間的余裕があるのか

一般的には、緊急度を優先させて事態を処理させる傾向がありますが、そればかりだと中長期的な重要課題が先送りされてしまうことになり、気がついたらその重要な課題に着手する時期を逃してしまうことにもなりかねません。したがって、優先順位づけにあたっては、重要度と緊急度の両面から評価していきます。

ここでは、重要度S（Seriousness）、

緊急度U（Urgency）の要素について、H（High）、M（Medium）、L（Low）で評価し、より多くのHが与えられた課題を優先します（◎、○、△を付ける）。

それから、優先順位の設定と合わせて、個々の取り組み課題の参画者を決めておきます。つまり、誰が実行の責任を持つのかを明確にしておきます。H、M、Lの評価基準は、対象の中で最も重要なものをHとして、相対的にM、Lの評価を行っていくと、Hだけに固まってしまうことを避けることができます。

では、48ページの図の四葉アルミ社のケースで見てみましょう。まずは、重要度について着目し、すべての取り組み課題でH、M、Lのラベリングをしていきます（優先順位の欄の1列目）。次に、緊急度に着目し、同様に取り組み課題の中でH、M、Lのラベリングを行います（優先順位の欄の2列目）。最後に、より多くのHが与えられた課題に、◎、○、△の評価を行います。一つ目の取り組み課題である「日用品、一般品の市場調査を行う」では、重要度H、緊急度Hとなっており、◎の評価をしています。また、このときの参画者は、マーケティング（部門）としています。

【優先順位の設定のポイント】

- どのような重大な影響があるか？
- 急いで行う必要があるか？
- 誰が行うのか？

※ 1-7 全体像の確認（52 ~ 54 ページ）を読みながら参照ください。

立場：経営幹部

課題設定	解決計画	
取り組み課題の設定（課題）	**優先順位**	**参画者**
日用品、一般品の市場調査を行う。[A-1-1, A-1-2] 上記に基づき、来期に向けた市場シェア拡大のための対策を決める。	H H ◎ H M ◎	マーケティング 営業部門
中長期の経営課題として再設定する。[A-2-1, A-2-2, A-2-3]	H L △	経営企画
インターネットと購買動向に関する調査を行う。[B-1-2] 上記に基づき、顧客ニーズを把握するための対策を決める。[B-1-1]	H H ◎ H M ◎	マーケティング マーケティング
物流迅速化のための対策を決める。[B-2-1, B-2-2]	H H ◎	物流部門
競合に関する実態調査を行う。[C-1-1, C-1-2, C-1-3]	M M ○	マーケティング
納期遅れに関する顧客対応の暫定対策を決める。[D-1-1, D-1-2] 上記に基づき恒久対策を決める。	H H ◎ M L △	営業部門 物流部門
退職者（予備軍含む）の理由から原因を究明する。[E-1-1, E-1-2] 上記に基づき対策を決める。	M H ○ M M ○	人事部門 人事部門

重要度　緊急度

図：全体像の確認

状況把握テーマ：四葉アルミ社の来期プランにおける重要課題の設定

関心事の認識		課題設定
関心事の列挙	**関心事の明確化（問題）**	**事実の確認（根拠）**
A：市場シェアの拡大。	A-1：来期、日用品、一般品の市場シェアをそれぞれ2%拡大させたい。	A-1-1：日用品（家庭用・業務用）の市場シェアは13% A-1-2：一般品（中間材）の市場シェアは10%
	A-2：20%以上のシェアを確保し、5年後に業界1位を狙いたい。	A-2-1：市場に対する影響力を持つには、20%以上のシェアが必要とされる。 A-2-2：日用品のシェアは、Y社が24%でトップ、X社が17%を占める。 A-2-3：一般品のシェアは、Y社が23%でトップ、X社が13%を占める。
B：マーケットインの姿勢。	B-1：顧客ニーズをいち早く反映できる製品開発を行いたい。	B-1-1：市場の顧客ニーズが細分化してきている。 B-1-2：インターネットからの情報に、大きな影響を受けている。（意見）
	B-2：物流の迅速化を行い、即納体制を実現したい。	B-2-1：口コミで商品情報が広がると、一気に品薄になる。 B-2-2：商品を投入しても、タイミングを逃すと大量在庫を抱えてしまうことがあった。
C：競合の動きを把握したい。	C-1：競合の動きを把握したい。	C-1-1：競合各社と品質・価格面での大きな差はない。 C-1-2：X社が1年後に日用品のジャストインタイムの即納体制の実現を顧客に約束。 C-1-3：Y社の製品開発力は優れている。
D：納期遅れに関する問い合わせが多い。	D-1：顧客開拓への営業活動の時間を確保したい。	D-1-1：納期遅れに対するクレームや問い合わせが営業部に入ってきている。 D-1-2：問い合わせ対応で手一杯の状態となり、残業時間も多くなっている。
E：退職者が散見される。	E-1：退職者への対応をしなければならない。	E-1-1：今年に入り、若手を中心に退職者が散見されている。 E-1-2：新しい人事制度への不満の声も聞かれる。（推定）

← 関心事を解決できるシナリオ（ストーリー）になっているか。

1-7 全体像の確認

状況把握の最後は、関心事を確実に解決するために、設定した取り組み課題の相互関係を整理し、抜け漏れがないかの全体像の確認を行います。特に、取り組み課題の流れが明確であり、関心事を解決できるシナリオ（ストーリー）になっているかを確認します。木を見て森を見ずに陥らぬように、列挙された課題を順次、最初の関心事の全体像の中に戻してみて、当初の問題状況が解決されるのかを確認していきます。

では、四葉アルミ社のケースで見てみましょう。

50～51ページの図は、これまで行ってきたサブステップ1-1～1-6をまとめたものです。アウトプットとしての取り組み課題が、当初の関心事とその明確化に列挙された事柄を解決できるシナリオになっているか、事実に基づいた課題設定になっているかを、順を追って整合性を確認していきます。

たとえば、関心事A：市場シェアの拡大は、「来期、日用品、一般品の市場シェアをそれぞれ2％拡大させたい」という意味と、「20％以上のシェアを確保し、5年後に業界1位を狙いたい」という二つの意味を含んでいました。また、これらの関心事は、課題の粒度と時間軸が異なるので別々に扱うべきものでした。それぞれの根拠となる事実を列挙し、事実に基づく取り組み課題の設定を行い、優先順位と参画者を決めたという具合に、一連の流れになっていることが分かります。

一方、逆順に見ると、「日用品、一般品の市場調査を行う」、「上記に基づき、来期に向けた市場シェア拡大のための対策を決める」、そして「中長期の経営課題として再設定する」という課題は、当初の関心事である市場シェアの拡大に寄与するかどうかという点を確認してみます。対策および、中長期の経営課題の具体的な中身については、このあと議論して詰めていくことになるのでまだ分かりませんが、取り組み課題の設定という点では、市場シェア拡大に対する関心事をカバーしていると言えます。

さらに、設定した取り組み課題の関連を図式化してみると、課題の抜け漏れを確認しやすくなります。たとえば、市場シェア拡大の対策を決めようにも、市場に関する情報がなければ十分な意思決定はできないので、そのためには、事前調査が必要となります。このように、調査→対策決定の順序関係があります。

退職者への対応は、いきなり対策を決めるのではなく、問題の発生している原因を見極め、効果的な打ち手を取ります。つまり、原因究明→対策決定という関係があります。

このように、設定した取り組み課題が当初の関心事（問題）を解決するシナリオ（ストーリー）になっているかを、図式化して確認します。

【全体像の確認のポイント】

- 関心事を解決するために、必要な取り組み課題がすべて設定されているか？
- 関心事を解決できるシナリオ（ストーリー）になっているか？

まとめ（本ステップの価値）

これまで状況把握でやってきたことを振り返ると、問題を処理するために大命題であるテーマを起点に、関心事の列挙と明確化を行い、その根拠となる関連事実を述べ、事実に基づく解決のための方向性を課題化し、各課題間での優先順位をつけ、そして、最後に全体の整合性の確認を行ってきました。

56～57ページの図に示すのは、状況把握プロセスをイメージとして、分かりやすくまとめたものです。たとえて言えば、1－1のテーマの設定は、対象と範囲は決めたものの、まだぼんやりしたモヤモヤの塊の状態です。1－2の関心事の列挙でそのモヤモヤの塊を分け、1－3の関心事の明確化で、その塊の輪郭をハッキリさせて形を認識するといった流れになります。つまり、モヤモヤの団子の状態を解きほぐし、バラバラに解きほぐしたイメージです。そして、1－4にて個別の関心事に基づく関連事実を明らかにし、1－5で事実に基づく取り組み課題を設定します。最後に、1－6で複数の課題の取り組み優先順位を決めて、1－7にて全体像の確認を行い、全体の流れを見ていくというわけです。

ここで一度、状況把握のプロセスについて、その価値を考えてみます。判断となる意思決定を行う上で重要なことは、直面する状況を的確に把握することに他なりません。実は、このこと自体は、ごく当たり前と思われがちですが、意外とこの状況を正しく認識することが、見過ごされている場合が多いように思えます。

たとえば、「何が起きているのか」という設問に対して、状況を整理し、具体的な課題設定が行われないまま議論が始まるというケースがあります。あるいは、「問題が起きた。急いで手を打たなければ……」といって、対策に短絡化してしまうケースもあります。処理すべき問題が高度で複雑であるほど、状況は混とんとしており、何が問題であるかが捉え難いと言えます。私は、これを「団子」の状態と呼んでいるのですが、問題を団子のまま全体として一挙に解決しようとしても堂々巡りの状態になり、思考の生産性は著しく低下してしまいます。

したがって、複雑な問題に対処するためには、この初期の段階で問題の所在を明らかにしておくことが重要なのです。状況を本当に把握しなければ、最も効果的な方法で問題を解決することは、不可能であると言えます。

四葉アルミ社のケースにおいても、市場シェアの拡大は来期の市場シェア拡大と、5年後の業界1位を狙うことの議論を分けて考えるべきです。もちろん、5年後の業界1位を狙うのは、来年以降の延長線上にありますが、課題の粒度の大きさと時間軸が異なるため、別に議論するほうが建設的です。また、退職者への対応についても、いきなり対策を打つのではなく、しっかりとした原因究明をしたのち、対策をするべきです。そうでなければ、対策の効果が発揮できなくなってしまいます。

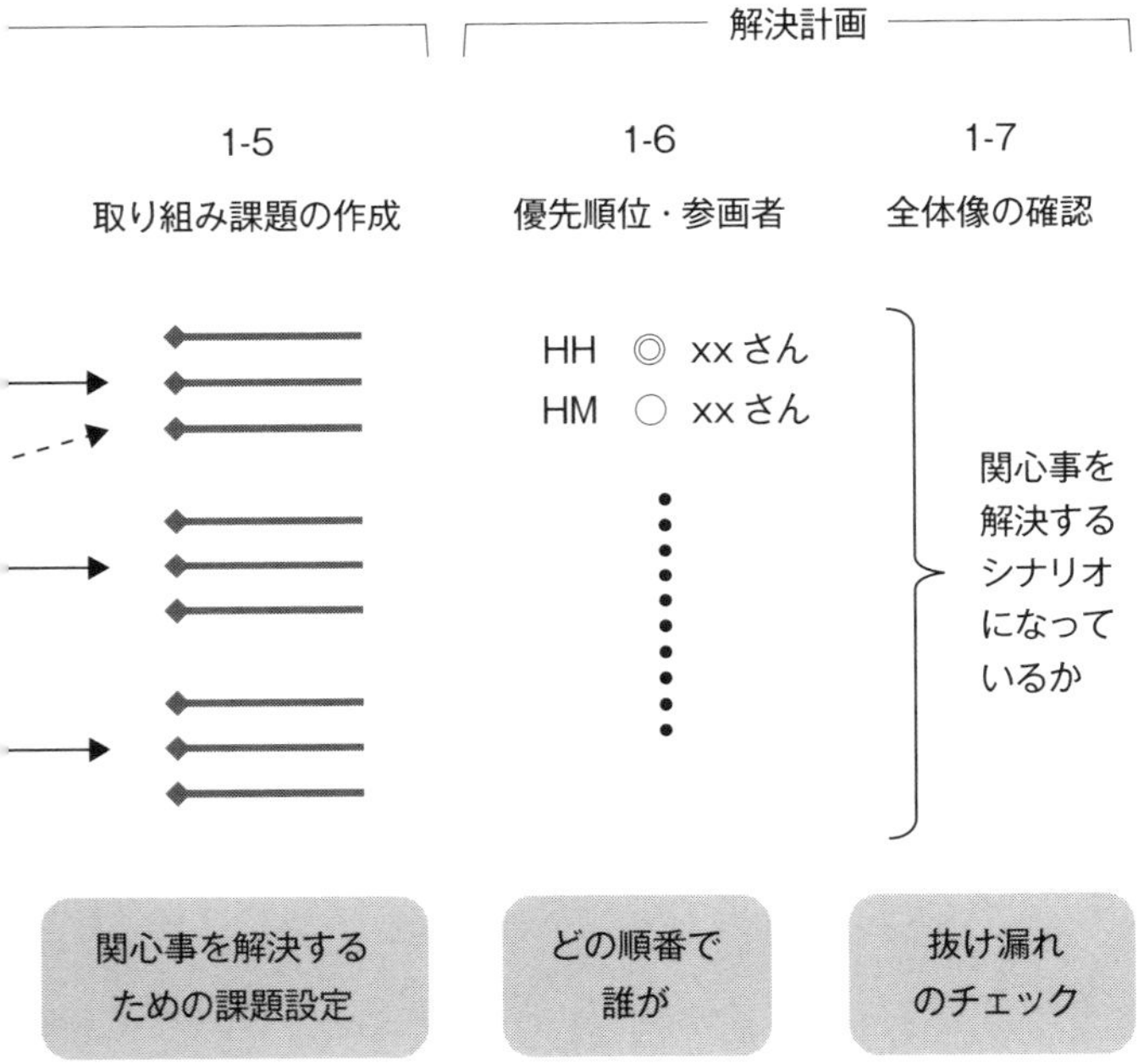

では、なぜ状況を的確に把握することが難しいのでしょうか。そこには、大きく二つの理由があります。

一つ目の理由は、我々は、過去の類似の現象と照らし合わせて、早急に判断をしてしまうことがあるからです。自らの経験があればあるほど、最初からすべて分かっていると思い込んで、対策をすぐ打つことに執着してしまいがちになるのです。その結果、自分の知っていることに対して、事実と合っているのか否か

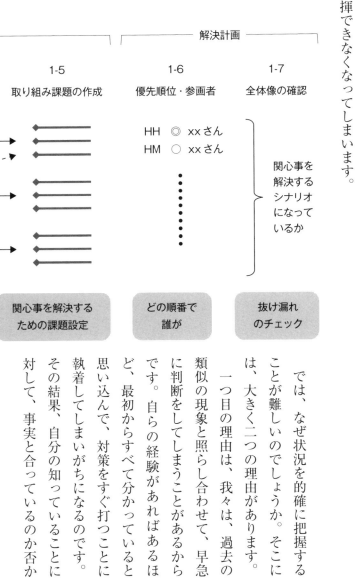

図：状況把握の全体イメージ

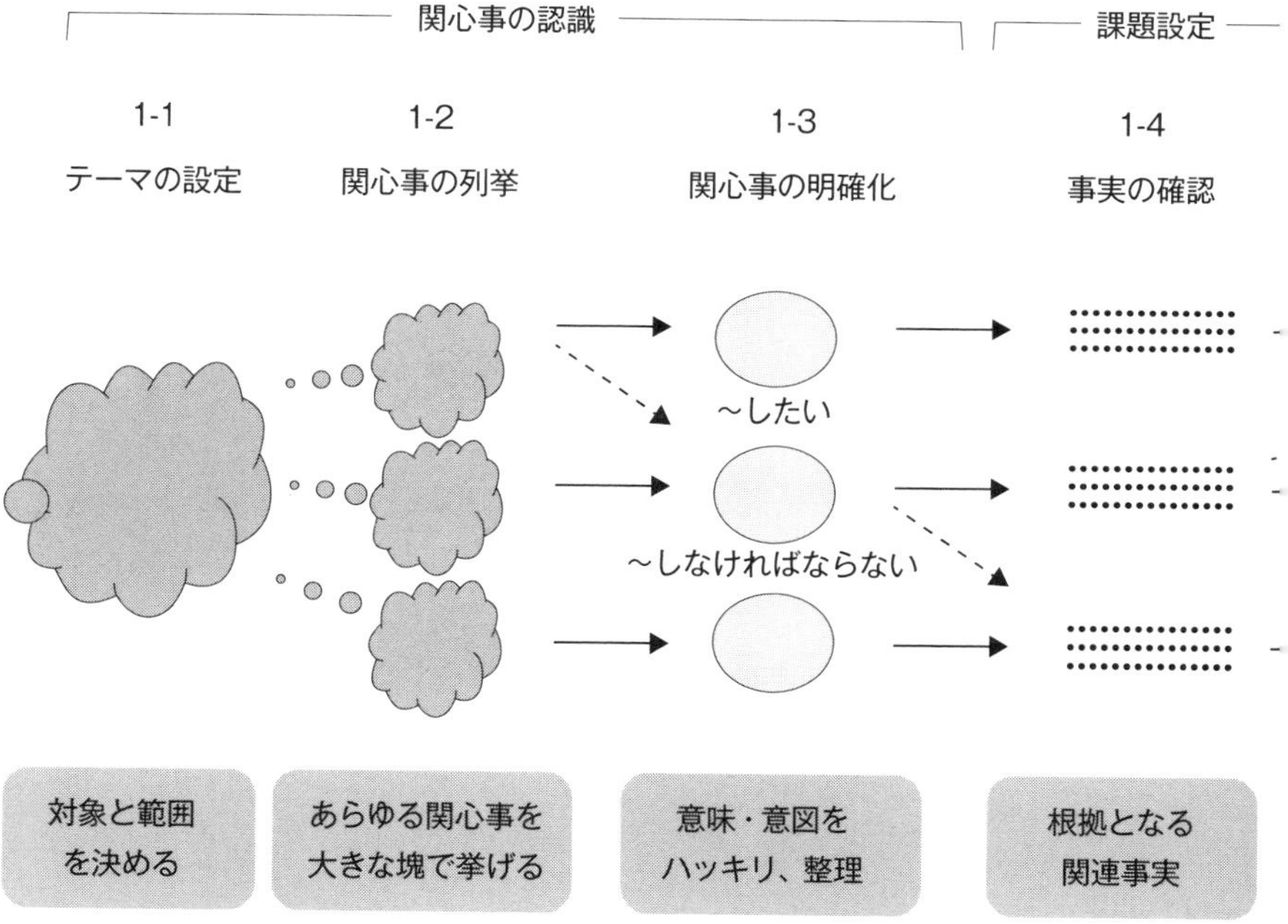

の確認が、疎かになる傾向があります。特に、マネージャーやリーダーという立場であれば、結果を出すことへのプレッシャーから、状況把握もそこそこにして対策に走ってしまいがちです。さらに、不足している情報は、やっているうちに分かるだろうと考え、まずは取り掛かることが先決とばかりに対策に走ります。

しかし、発生している事象は、常に同じではありません。時間が経つにつれて、次から次へと問題が出てきて、全体の状況も内容も違った様相を呈してきて、問題がさらに複雑化し、いわゆる炎上してしまう結果になります。もちろん、常にそうなるというわけではなく、大半は経験則によって、それなりにうまくいく場合があるかもしれません。しかし、うまくいかなかったときに、大変な事態を引き起こしてしまいかねません。

二つ目の理由は、物事を塊にして扱ってしまう傾向があるということです。たとえば、営業問題、人事問題、新規事業問題などのように呼び名は一つですが、要因が合わさって一つの塊になっています。これを一挙に解決しようとする思いや誘惑が、強く前面に出てしまうと、対策も漠然としたものになりかねません。このような場合には、塊を分離・分解して、別々の独立した問題であると認識したあとで、初めて問題状況を解決できることになります。四葉アルミ社のケースでは、対策を取る前に調査のフェーズを入れることで、情報収集をしっかりと行っていることが分かります。塊については、市場シェアの拡大、マーケットインの姿勢のように、関心事を明確化することで分けて取り扱うとともに、事実を個別に確認することを行っています。さらには、取り組み課題の設定での対策決定において、いきなり手段としての具体案を論じることはなく、あくまで課題を大きな塊でさばいていることが分かります。

このように状況を把握するとは、まず現象や情報による関心事（問題点）の認識から、これを事実に基づいて分離し、より具体的に物事を捉えるということになります。つまり、状況を把握するということは、直面する状況を分解し、分けて考えることによって知ることであり、これこそが何が起きているのかという状況を把握する際の、基本的な考え方となります。

よく「問題点が全部分かれば、問題は半ば解決したのも同然である」といったことが言われますが、これは混とんとした状況が分離・分解され、明確になったことを示しています。このことからも、問題を分離・分解することが、問題解決にいかに重要であるのかが分かります。つまり、状況把握のプロセスは、これらの考え方をまとめたものになります。

このように第1章（STEP 1）では、意思決定前の状況整理としての「状況把握」を行いました。第2章（STEP 2）では、意思決定の基本プロセスとしての「目的の明確化」について考えていきます。

【STEP 1で提供する武器】 状況把握ワークシート（事例付き）

状況把握ワークシートの全容は、60〜61ページの図の通りです。可視化されたサブステップの流れをトレースすることで、思考の過程を確認することができます。

立場：経営幹部

課題設定	解決計画	
取り組み課題の設定（課題）	優先順位	参画者
◇ 決定する　◇ 原因を究明する　◇ リスク対策をする ◇ 調査する　◇ 実施する　◇ 課題を再設定する	ＳＵ評価	誰が
日用品、一般品の市場調査を行う。[A-1-1, A-1-2] 上記に基づき、来期に向けた市場シェア拡大のための対策を決める。	ＨＨ　◎ ＨＭ　◎	マーケティング 営業部門
中長期の経営課題として再設定する。[A-2-1, A-2-2, A-2-3]	ＨＬ　△	経営企画
インターネットと購買動向に関する調査を行う。[B-1-2] 上記に基づき、顧客ニーズを把握するための対策を決める。[B-1-1]	ＨＨ　◎ ＨＭ　◎	マーケティング マーケティング
物流迅速化のための対策を決める。[B-2-1, B-2-2]	ＨＨ　◎	物流部門
競合に関する実態調査を行う。[C-1-1, C-1-2, C-1-3]	ＭＭ　○	マーケティング
納期遅れに関する顧客対応の暫定対策を決める。[D-1-1, D-1-2] 上記に基づき恒久対策を決める。	ＨＨ　◎ ＭＬ　△	営業部門 物流部門
退職者（予備軍含む）の理由から原因を究明する。[E-1-1, E-1-2] 上記に基づき対策を決める。	ＭＨ　○ ＭＭ　○	人事部門 人事部門

図：状況把握ワークシート（事例付き）

状況把握テーマ：四葉アルミ社の来期プランにおける重要課題の設定

関心事の認識		課題設定
関心事の列挙	関心事の明確化（問題）	事実の確認（根拠）
◇気になっていることは何か？ ◇問題と思われることは何か？	◇関心事の意味・意図をハッキリさせる。 ◇関心事の整理を行う（従属関係）。	◇起きたこと（何が、いつ、どこで、どの程度）を確認する。 ◇推定、判断などは注記を付ける。また、確認できていないことは調査する。
A：市場シェアの拡大。	A-1：来期、日用品、一般品の市場シェアをそれぞれ2%拡大させたい。	A-1-1：日用品（家庭用・業務用）の市場シェアは13% A-1-2：一般品（中間材）の市場シェアは10%
	A-2：20%以上のシェアを確保し、5年後に業界1位を狙いたい。	A-2-1：市場に対する影響力を持つには、20%以上のシェアが必要とされる。 A-2-2：日用品のシェアは、Y社が24%でトップ、X社が17%を占める。 A-2-3：一般品のシェアは、Y社が23%でトップ、X社が13%を占める。
B：マーケットインの姿勢。	B-1：顧客ニーズをいち早く反映できる製品開発を行いたい。	B-1-1：市場の顧客ニーズが細分化してきている。 B-1-2：インターネットからの情報に、大きな影響を受けている。（意見）
	B-2：物流の迅速化を行い、即納体制を実現したい。	B-2-1：口コミで商品情報が広がると、一気に品薄になる。 B-2-2：商品を投入しても、タイミングを逃すと大量在庫を抱えてしまうことがあった。
C：競合の動きを把握したい。	C-1：競合の動きを把握したい。	C-1-1：競合各社と品質・価格面での大きな差はない。 C-1-2：X社が1年後に日用品のジャストインタイムの即納体制の実現を顧客に約束。 C-1-3：Y社の製品開発力は優れている。
D：納期遅れに関する問い合わせが多い。	D-1：顧客開拓への営業活動の時間を確保したい。	D-1-1：納期遅れに対するクレームや問い合わせが営業部に入ってきている。 D-1-2：問い合わせ対応で手一杯の状態となり、残業時間も多くなっている。
E：退職者が散見される。	E-1：退職者への対応をしなければならない。	E-1-1：今年に入り、若手を中心に退職者が散見されている。 E-1-2：新しい人事制度への不満の声も聞かれる。（推定）

サブステップ別のポイント（プロセス質問）の一覧は左の表の通りです。自らに問いかける、あるいは相手に問いかけることで、何をどう考えたかの思考の道筋を素早く追いかけてフォローすることができます。

表：サブステップ別のポイント（プロセス質問）

STEP	項目	ポイント（プロセス質問）
1-1	テーマの設定	何について状況把握をしたいのか？ 領域（サイズ・時間）と対象は、適切か？ 誰の立場で行うか？
1-2	関心事の列挙	気になることがあるか？ 問題があるか？ どのような選択決定をする必要があるのか？ 達成すべきことがあるか？ 他に心配事やチャンスはあるか？
1-3	関心事の明確化（問題）	その関心事の意味や意図は何か？ それを具体的に言うと何か？
1-4	事実の確認（根拠）	関心事の背景となる事実（根拠）は何か？ 関連事実は？ 把握できていない事実は？ 何が、どこで、いつ、どの程度？
1-5	取り組み課題の設定（課題）	選択をする必要があるか？ 原因究明を行う必要があるか？ リスク対策を行う必要があるか？ 不足情報の調査を行う必要があるか？ 実施をする必要があるか？ さらなる状況把握を行う必要があるか？
1-6	優先順位・参画者の設定	どのような重大な影響があるか？ 急いで行う必要があるか？ 誰が行うのか？
1-7	全体像の確認	関心事を解決するために、必要な取り組み課題がすべて設定されているか？ 関心事を解決できるシナリオ（ストーリー）になっているか？

第2章

目的の明確化

STEP 2

"STEPS" AND "WEAPONS" OF THE THOUGHT THAT INCREASE ACCURACY AND SPEED OF DECISION- MAKING

まずは何を決めるか

何かを決めるときに、「目的」に対して、どれくらいの重きをおいて考えているでしょうか。たとえば、日々の仕事の上でのさまざまな選択、判断や決断はもちろんのこと、プライベートにおける大きな決断（結婚や家の購入など）、日常生活におけるモノの購入といった具合に、何かを決めるという行為は大小さまざまです。そして、そのときに目的に照らし合わせて考えることに、どこまで考えを及ぼしているでしょうか。

仕事であれば、経営陣あるいは上司から目的を与えられることが多いかもしれませんが、自らがリーダーやマネージャーといった役職になってくると、自分でチームメンバーに対して目的を設定することも多くなります。プライベートであれば、もちろん自らが目的を考え、次の行動につなげていくことは言うまでもありません。

普段、何気なく使っている「目的」という言葉は、意思決定では重要な意味と価値を持ちます。目的とは、最終的に得たい成果のことであり、「何のために」ということです。仕事であれば、目的を売上高達成のためか、あるいは利益最大化のためにするかで、行うべき施策の内容が変わってきます。「売上高達成」なら利益を度外視してでも売上高を伸ばそうとするのか、「利益の最大化」なら売上高はさておき利益重視でいくのか、目的の設定の仕方で行うべき施策が大きく左右されます。ところが同時に二つの目的を追い求めてしまうと、施策がちぐはぐになりかねません。まさに、二兎を追う者は一兎をも得ずになってしまいます。

このように、目的をいかに設定するかは、意思決定の最重要ポイントとなります。ここでも、引き続き四葉アルミ社のケーススタディ（以下、ケース）を例に取りながら、目的の明確化を進めていきましょう。

【ケーススタディ：目的の明確化】

四葉アルミ社の来期プランに関する会議が行われた翌日、営業部門では、早速、次のような指示が営業本部長の川瀬からなされた。「昨日の経営会議で、我が営業部門では次の二つを行うことが決まった。一つ目は、来期に向けて市場シェア拡大の対策を立案すること、そして二つ目は、納期遅れに関する顧客対応の暫定対策を取ることである。納期の遅れについては、すでに村井部長のほうで動き始めてくれているので、市場シェア拡大へ向けての対策を、これから考えていこうと思う。2週間以内にマーケティング部から日用品、一般品に関する一次市場調査の結果が出てくる予定なので、それをもとに市場拡大に向けての具体的な対策を考えることとしたい。それでは、2週間後のこの時間に集まり、議論しましょう。参集メンバーは、今週中にアサインして私から連絡するので、ぜひご協力をお願いしたい」

皆さんは、２週間後のミーティングに呼ばれました。そこで、皆さんはどのように目的を設定しますか？

目的の明確化の進め方と武器（全体像とワークシート）

今回もケースの内容について解説する前に、考え方となるＳＴＥＰ ２：目的の明確化の全体プロセスを見ていきましょう。67ページの図の通り、ＳＴＥＰ １で設定した「取り組み課題」をインプットとして、二つのサブステップから構成されており、ここで最も重要なのは、２－２決定ステートメントの作成となります。

68ページの図は、目的の明確化のプロセスで利用する武器となるワークシートの概要です。まずは、サブステップ２－１：背景状況の確認を行い、２－２：決定ステートメントの作成を三つのパートである目的、決定事項、選択行為に分割して検討し、最後に統合する流れとなります。では、このあとステップ順にその詳細を説明するとともに、四葉アルミ社のケースを目的の明確化ワークシートに適用しながら、使い方を具体的に見ていきましょう。

図：STEP 2　目的の明確化の全体像

STEP 1で設定した「取り組み課題」　インプット

▼

STEP 2　目的の明確化

2-1　背景状況の確認

2-2　決定ステートメントの作成

（2-1、2-2）決定目的

表：サブステップの項目と内容

STEP	項目	内容
2-1	背景状況の確認	決定ステートメントの作成にあたっての背景状況の確認をする。
2-2	決定ステートメントの作成	決定目的、決定事項、選択行為を簡潔に記述する。

図：STEP 2　目的の明確化ワークシートの概要

【STEP 2】 目的の明確化ワークシート

背景状況の確認

2-1　背景状況の確認 決定ステートメントの作成にあたっての背景状況の確認をする。

決定ステートメントの作成

〈目的の列挙〉

目的　（何のために）	評価

〈決定事項の列挙〉

決定事項　（何を）	評価
2-2　決定ステートメントの作成 決定ステートメントの作成にあたっての背景状況の確認をする。	

〈選択行為〉　決定（選択）する

《決定ステートメントの作成》　目的　＋　決定事項　＋　選択行為

2-1 背景状況の確認

通常、意思決定は、唐突に発生するわけではなく、必ず背景があります。その意思決定の必要性が生じた何らかの背景を確認することにより、明確な目的を設定するヒントにするのが、この背景状況の確認です。

たとえば、四葉アルミ社のケースでは、営業本部長の川瀬氏からの指示の前提として、昨日の経営会議にて市場拡大に向けての販促対策を立案することが決まったとありますが、営業部のメンバーはその決まった経緯を知りません。これから、自分たちが具体的な施策を立案し、実行して結果を出していくためには、何のために行うのかという目的を明確化することが欠かせません。そのためには、なぜそのような指示がなされたのかという背景を理解することが重要です。

背景で最も確認しておかなければならないのは、意思決定をすることになった経緯、特にありたい姿をどのように考えているかです。言い換えると、進むべき方向性と捉えることもできます。たとえば、企業・組織の理想像、売上・利益の金額レベル、マーケットシェアの率、業界における地位などがあります。そして、外部・内部の環境変化の確認です。より具体的には、PEST分析で用いられる政治的要因（Politics）である規制などの市場のルールを変化させるもの、経済的要因（Economy）である景気や経済成長など価値連鎖に影響を与えるもの、

図：背景状況の確認

（経営会議にて）

- 来期、日用品、一般品の市場シェアをそれぞれ 2% 拡大させるべく、シェア拡大に向けた対策を営業部門にて策定してもらう運びとなった。
- まずは、日用品、一般品の市場調査をマーケティングに依頼してあるので、情報連携してほしい。
- 5 年後には市場への影響力を持つ 20% 以上のシェアを確保し、業界 1 位を狙いたいという想いがあるものの、こちらについては中長期の経営課題として整理していきたいと考えている。
- 営業部門での来期の取り組みの様子を注視しつつ、中長期の取り組みにも反映していきたいと考えているので、営業部門にはぜひ頑張ってもらいたい。

（市場調査の結果から）

- 日用品（家庭用・業務用）の市場シェアは、昨年同様 13% に留まっている。（Y 社 24%、X 社 17%）
- 一般品（中間材）の市場シェアは、昨年同様 10% に留まっている。（Y 社 23%、X 社 13%）
- 日用品の当社顧客は、現在、主として商社、問屋である。メーカー直納は 1 割にも満たない。
- 一般品の当社顧客は、9 割がメーカーである。残り 1 割は商社経由でメーカーに卸される。
- 食品や薬品の容器、またそのキャップやキャップシールとしてのアルミ材料の用途の市場は、堅調に拡大を続けている。特に、レトルト食品向けは、簡易食品の増加とともに伸びてきている。アルミ缶に代表される容器向けも、薄板加工技術の進化により、より軽量化され物流コストへの低減にも寄与している。
- Y 社の特徴は、経営陣の意思決定が速く、大都市圏近郊においては即納体制が整備されている。
- 品質・価格面ではトップ 3 社（Y 社、X 社、当社）に大きな差はない。
- 今後は環境保護や環境汚染防止の観点から、さらなるリサイクルシステムや環境対応の確立が急務である。

社会的要因（Society）である人口動態の変化などの需要構造に影響を与えるもの、そして技術的要因（Technology）であるITなど競争に影響を与えるもの、である四つの視点から環境変化を確認するといいでしょう。あるいは、3C分析で用いられる顧客（Customer）、自社（Company）、競合（Competitor）の立場の異なる三つの視点で背景情報を列挙するのもいいでしょう。

では、四葉アルミ社のケースで見てみましょう。経営会議でのやりとり、マーケティング部での市場の一次調査のデータをもとに、次のように背景状況を列挙、確認をしてみました。

【背景状況の確認のポイント】

- 決定の必要性が生じた背景とは何か？
- ありたい姿、あるいは進むべき方向性をどのように考えているか？

2-2 決定ステートメントの作成

意思決定で最も重要なことは、目的の明確化です。目的とは、検討している課題について意思決定が行われ行動に移された結果、この決定について最終的に得たい成果のことです。目的を達成するために、このあとのステップを順次進めていくことを考えると、重要な位置づけとなります。目的は、決定ステートメントとして作成し、「何のために」、「何を」、「決定（選択）する」という三要素で構成されます。

では、四葉アルミ社のケースで考えてみましょう。左の図のように、決定ステートメントの要素を分割して、順に考えていきます。まずは、「何のために」として考えられるものを複数書き出してみて、どれが最も目的にふさわしいかを評価します。今回、背景状況における経営会議での議論、および市場調査の結果から最新の市場シェアにおいても、引き続きライバルに後塵《こうじん》を拝している状況を鑑みると、「日用品・一般品の来期市場シェア2％拡大のために」というのが適切であると考え、これを高評価（◎）としました。

次に、「何を」の決定事項の列挙です。これは、目的のもとで何を決めたいのかを定義することであり、これから意思決定すべきレベル感を決めます。経営会議では営業部門に対して、シェア拡大への対策を立案してほしいとのことでしたが、漠然とした決定事項はかみ砕いて具体化していきます。ここでは、対策の方向性として、販売強化策を筆頭に価格体系の見直し、宣伝広告、販売代理店、そして営業組織の再編について列挙してみました。

それら列挙したものを比較してみると、一つ目の販売強化策に対して、他の決定事項は個別具体的ではありますが、絞り込むだけの詳細情報が市場調査からも得られていません。たとえば、価格体系の見直しの最適案というのは、価格を引き下げて薄利多売にすることを意図していると思われますが、価格の見直し最適案を決定事項にするには、まずは顧客・競合の価格に

図：決定ステートメントの作成

〈目的の列挙〉

目的　（何のために）	評価
・日用品・一般品の来期売上拡大のために	○
・日用品・一般品の来期利益拡大のために	○
・日用品・一般品の来期市場シェア2%拡大のために	◎
・日用品・一般品の来期営業力強化のために	△
・会社の生き残りのために	△

〈決定事項の列挙〉

目的　（何を）	評価
・販売強化策の最適案を	◎
・価格体系の見直しの最適案を	△
・宣伝広告の最適案を	△
・最適な販売代理店を	△
・営業組織の再編の最適案を	△

〈選択行為〉　決定（選択）する

《決定ステートメントの作成》　目的　＋　決定事項　＋　選択行為

日用品・一般品の来期市場シェア2%拡大のために、販売強化策の最適案を決定する。

対する状況を知る必要があります。同様に、宣伝広告、最適な販売代理店についても、これらを決定事項にするだけの情報に欠けていると言わざるを得ません。また、営業組織の再編は、進むべき方向性が決まってからの再編とするのがよさそうです。

以上のような状況から、この段階では、決定レベルを引き上げて「販売強化策の最適案」に関する議論を広くすべきと判断し、これを高評価（◎）としました。そして、これらの目的と決定事項の検討結果から、各要素をつなげて決定ステートメントを「日用品・一般品の来期市場シェア2％拡大のために、販売強化策の最適案を決定する」としました。これで、目的と決定事項が明確になりました。

意思決定というと、しばしば「〜を決定すべきかどうか」という二者択一（バイナリー・ディシジョン）の設問に対する回答を求められることがあります。イエスかノーかを迫れば、結論に結び付きやすいのも確かですが、論理的に筋の通った結論を出すには、早急に飛びつくのは危険です。複数の選択肢の中から選んだほうが効果的に最適な結論にたどり着けます。たとえば、四葉アルミ社のケースにおいて、「日用品・一般品の値下げの決定をすべきであるか否か」を決めるとした場合、一つの案にジャンプする危険性があります。本当に価格値下げしか方法がなければ、仕方がありませんが、決定の目的レベルを上げて、何のために、何を、決定するのかという本来の決定ステートメントの記述をすると、より広い範囲から案（つまり、値

図：目的レベルを上げると選択範囲が広がる

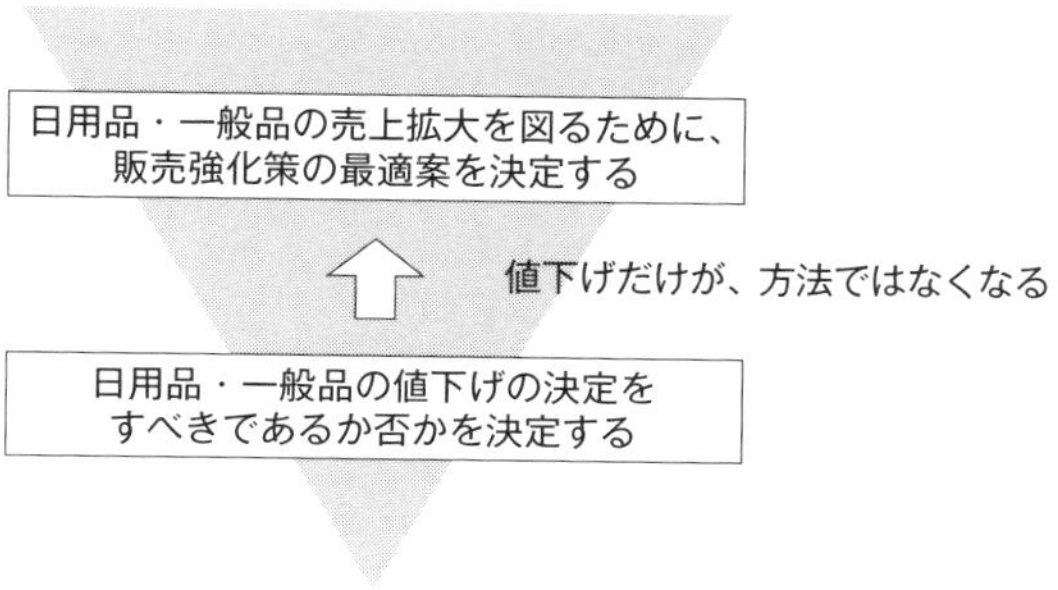
日用品・一般品の売上拡大を図るために、
販売強化策の最適案を決定する
値下げだけが、方法ではなくなる
日用品・一般品の値下げの決定を
すべきであるか否かを決定する

下げだけではない対策）が検討できるようになります。具体的には、上の図のように「日用品・一般品の売上拡大を図るために」と決定レベルを上げると、値下げだけではなく、たとえば人気キャラクターとのコラボパッケージで値段を据え置き、販売増を狙うことも検討可能です。

【決定ステートメントの作成のポイント】

- 何を決定する必要があるのか？
- その決定がなぜ必要なのか？
- その決定をする必要性は何から生じたのか？

まとめ（本ステップの価値）

ＳＴＥＰ２：目的の明確化は、決定ステートメントをいかに作成するかという点につきます。その決定ステートメントには、二つの大きなメリットがあります。

一つ目は、これから行う決定の目的を明らかにし、案の範囲を限定するということ。つまり、決定事項を明確にすることにより、これから行う決定の方針や方向性が定まります。そして、決定事項は、なぜこの決定が必要になったのか、背景を確認すれば説明しやすくなります。四葉アルミ社のケースにおいても、「日用品・一般品の来期市場シェア2％拡大のために」という明確な目的と、「販売強化策の最適案」という決定事項により、案の検討範囲が明確化されています。

二つ目は、決定ステートメントを明確にすることによって、絶えず思考のよりどころを確認することができ、わき道にそれることが防げるということ。意思決定の決定事項のレベル感が大きいほど、決定に費やす検討時間が必要になります。場合によっては、個々の調査に数日以上かかることもあるかと思います。そのとき、当初の決定目的からそれ、異なる議論を始めてしまうことも、しばしばあります。そのときに、原点に立ち返るよりどころになるのが、決定ステートメントになります。このように、情報収集と分析の範囲を絞り、むやみな活動を避ける効果があります。

目的は意思決定の要であり、決定ステートメントの作成がよりよい成果を生んでいくことを、理解いただけたでしょうか。目的は、状況を正しく認識把握して、そこに挑戦していくためのゴールであるとも言えます。

よりよい目的を作るためのポイントを、次にまとめます。

- 考えられるだけの目的をこだわらずに、いくつも書いてみる。
- これらの目的が必要となった背景について考える。

図：目的連鎖

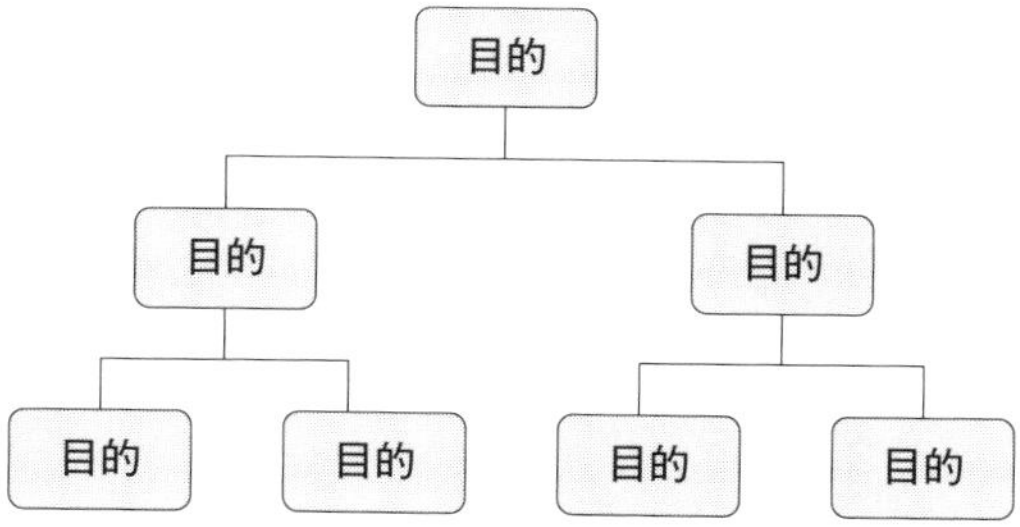

- この目的は、十分な現状分析に基づいて作られたか。（内外の環境要因を踏まえた）
- 組織や関係者との目的との整合性について考える。（目的間の整合性）

最後のポイントについて、補足をします。たとえば製造業であれば技術開発、設計、生産、販売、サービスの機能部門が連携しつつ、仕事の役割を分担します。各機能部門が会社の目的を受けて部門目的を作ります。そして、部門目的は、さらに機能を実現する部や課、チームの目的に細分化されます。このように階層化された目的は、上の図に示すように、それぞれ上位の目的と連鎖を作りあげていることが分かります。逆に見ると、下位の目的が統合化されて、上位の目的を実現していく関係が、見て取れます。このように、目的は独立して存在しているのではなく、組織の中で上位、下位との関係の中で存在しているので、その間の整合性について考えることが必要です。

ところで、最近では会社の目的ということが注目されるようになってきました。自社の存在を明確化し、社会に与える価値を示す「パーパス（Purpose）」が企業経営で注目されています。もともとパーパスとは、目的、意図、意思などの意味を持ち、そこから存在意義や志などの考えに広がっていきました。優良企業は、創業者が作った創業の理念を確固として伝承しており、その理念が会社の目指す目的として機能しています。たとえば、ホンダの「創る喜び、売る喜び、買う喜び」や、ソニーの「自由豁達《かったつ》にして愉快なる理想工場の建設」という理念がよく紹介されています。故本田宗一郎氏は、「会社の目的が正しければ、企業は生き残れる」と言っていたことでも知られています。そして、目的＝パーパスを軸にして企業活動を行い、社会に対して貢献していくことが広がりつつあります。

このように第2章（STEP 2）では、意思決定するにあたっての「目的の明確化」を行いました。第3章（STEP 3）では、目的のもとでの「目標の設定」を行っていきます。

【STEP 2で提供する武器】 目的の明確化ワークシート（事例付き）

目的の明確化ワークシートの全容は、左の図の通りです。

また、サブステップ別のポイント（プロセス質問）の一覧の表も合わせて示します。

図：目的の明確化ワークシート（事例付き）

背景状況の確認

（経営会議にて）
- 来期、日用品、一般品の市場シェアをそれぞれ 2% 拡大させるべく、シェア拡大に向けた対策を営業部門にて策定してもらう運びとなった。
- まずは、日用品、一般品の市場調査をマーケティングに依頼してあるので、情報連携してほしい。
- 5 年後には市場への影響力を持つ 20% 以上のシェアを確保し、業界 1 位を狙いたいという想いがあるものの、こちらについては中長期の経営課題として整理していきたいと考えている。
- 営業部門での来期の取り組みの様子を注視しつつ、中長期の取り組みにも反映していきたいと考えているので、営業部門にはぜひ頑張ってもらいたい。

（市場調査の結果から）
- 日用品（家庭用・業務用）の市場シェアは、昨年同様 13% に留まっている。（Y 社 24%、X 社 17%）
- 一般品（中間材）の市場シェアは、昨年同様 10% に留まっている。（Y 社 23%、X 社 13%）
- 日用品の当社顧客は、現在、主として商社、問屋である。メーカー直納は 1 割にも満たない。
- 一般品の当社顧客は、9 割がメーカーである。残り 1 割は商社経由でメーカーに卸される。
- 食品や薬品の容器、またそのキャップやキャップシールとしてのアルミ材料の用途の市場は、堅調に拡大を続けている。特に、レトルト食品向けは、簡易食品の増加とともに伸びてきている。アルミ缶に代表される容器向けも、薄板加工技術の進化により、より軽量化され物流コストへの低減にも寄与している。
- Y 社の特徴は、経営陣の意思決定が速く、大都市圏近郊においては即納体制が整備されている。
- 品質・価格面ではトップ 3 社（Y 社、X 社、当社）に大きな差はない。
- 今後は環境保護や環境汚染防止の観点から、さらなるリサイクルシステムや環境対応の確立が急務である。

決定ステートメントの作成

〈目的の列挙〉

目的　（何のために）	評価
・日用品・一般品の来期売上拡大のために	○
・日用品・一般品の来期利益拡大のために	○
・日用品・一般品の来期市場シェア 2% 拡大のために	◎
・日用品・一般品の来期営業力強化のために	△
・会社の生き残りのために	△

〈決定事項の列挙〉

目的　（何を）	評価
・販売強化策の最適案を	◎
・価格体系の見直しの最適案を	△
・宣伝広告の最適案を	△
・最適な販売代理店を	△
・営業組織の再編の最適案を	△

〈選択行為〉　決定（選択）する

《決定ステートメントの作成》　目的　＋　決定事項　＋　選択行為

日用品・一般品の来期市場シェア 2% 拡大のために、販売強化策の最適案を決定する。

表：サブステップ別のポイント（プロセス質問）

STEP	項目	ポイント（プロセス質問）
1-1	背景状況の確認	決定の必要性が生じた背景とは何か？ ありたい姿、あるいは進むべき方向性をどのように考えているか？
1-2	決定ステートメントの作成	何を決定する必要があるのか？ その決定がなぜ必要なのか？ その決定をする必要性は何から生じたのか？

第3章

目標の設定

STEP 3

"STEPS" AND "WEAPONS" OF THE THOUGHT THAT INCREASE ACCURACY AND SPEED OF DECISION- MAKING

決定にはモノサシが不可欠

第2章（STEP 2）で、目的は最終的に得たい成果を指すとお伝えしました。目的がいくら正しくても、狙いがあいまいだと望ましい成果は得られません。状況を的確に把握し、具体的で実現可能性を見据えた目標設定をできるかが、成功へのカギとなります。

目的が目指すべき成果（ゴール）とするなら、目標は、目的を達成するための標識、目印となるものです。とりわけ、意思決定においては、目標は、決定を行うための最適な選択基準となる標識であり、いわゆるモノサシとなります。逆に言えば、モノサシがない状態で、手段となる案を選ぼうと努力したところで、何の意味もないと言えます。なぜなら、評価する基準がないので、何をもって案を選べばいいのか、分からなくなってしまうからです。

さて、製品開発における目標の立て方について少し考えてみたいと思います。メーカーで製品を開発する際には、製品の設計目標を必ず検討します。これから開発をする製品は、どのような人たちのどのような欲求を満たそうとしているのかを考え、それを目標として設定します。車であれば、燃費・パワーなどの走行性能、衝突防止機能などの安全機能、排ガスに関する環境機能、ターゲットユーザーがどのような使い方をするかの利用ニーズなど多面的に目標を立てていきます。たくさんの車が売れることが望ましいでしょうが、あまりに多くの要求を受け入れてしまうと、とんでもなくあり得ないような空想上の車になってしまいます。世の中で売れている車とは、これらの要求をみごとに解釈し調和させながら取り入れ、目標設定に成功した製品（結果）と言えます。このように、車に限らず、食べ物、衣服、店のサービスなどには、狙いとなる目標が潜んでいます。そして、この目標は、具体的な製品や商品を考え出すための選択基準となります。ここでも引き続き、四葉アルミ社のケーススタディ（以下、ケース）を例に取りながら、目標の設定を進めていきましょう。

【ケーススタディ：目標の設定】

四葉アルミ社では、営業本部長の川瀬の司会のもとで、営業部の選抜メンバーが6名（川瀬を含め）会議室に集まり、ミーティングが引き続き行われている。川瀬のほうから、次のような発言があった。

「決定ステートメントも決まり、我々がやるべき方向性も明確になった。早速、具体的な販売強化策を議論したいところだが、その前に何を狙いとして案を考えていくのか、明らかにしたいと思う。いわゆる目標となるものだが、それをみんなで考えよう」

川瀬が指さした先には、先ほどの決定ステートメントが記されていた。

「日用品・一般品の来期市場シェア2%拡大のために、販売強化策の最適案を決定する」

一部のメンバーは、手っ取り早く具体案をみんなでブレーンストーミング的に自由に意見を出し合い議論したい者もいたが、川瀬の指示にとにかく従うことにした。

皆さんは、どのように目標を設定しますか？

目標設定の進め方と武器（全体像とワークシート）

では、ＳＴＥＰ３：目標の設定の全体プロセスを見ていきましょう。左の図の通り、ＳＴＥＰ２で作成した「決定ステートメント」をインプットして、三つのサブステップから構成されており、目標となる指標が決まります。

また86ページの図は、目標の設定プロセスで利用する武器となるワークシートの概要です。まずは、３－１：目標の列挙、３－２：目標の分類、そして３－３：目標の重《おも》みづけという流れとなります。では、このあとステップ順にその詳細を説明するとともに、四葉アルミ社のケースを目標の設定ワークシートに適用しながら、使い方を具体的に見ていきましょう。

図：STEP 3　目標の設定の全体像

STEP 2で作成した「決定ステートメント」　インプット

▼

STEP 3　目標の設定

3-1　目標の列挙
3-2　目標の分類
3-3　目標の重みづけ

目標となる指標

表：サブステップの項目と内容

STEP	項目	内容
3-1	目標の列挙	選択に影響を与える基準を設定する。
3-2	目標の分類	決定において、目標が果たす役割を決める。
3-3	目標の重みづけ	WANT 目標の相対重要度を決める。

図：STEP 3　目標の設定ワークシートの概要

目標の列挙

目 標

3-1　目標の列挙

選択に影響を与える基準を設定する。

目標の分類

目 標	MUST	WANT

3-2　目標の分類

決定において、目標が果たす役割を決める。

目標の重みづけ

目 標	MUST	WANT	ウェイト

3-3　目標の重みづけ

WANT 目標の相対重要度を決める。

3－1　目標の列挙

目標の列挙とは、選択に影響を与える基準を設定することであり、列挙することで目標を視覚化し全体像を認識するために行います。目標を決めるということは、重要な行為であるにもかかわらず、意思決定にあたっては、軽く扱われる、あるいは表面的に行われることが多いように見受けられます。たとえば、「もっと利益を上げる」といった漠然とした目標が典型的な例です。このような目標は、あまりにも漠然としていて、案選択の比較基準としては役に立ちません。もっと、目標は具体的でなければなりません。先ほどの例なら、「もっと利益を上げる」ではなく、「今期の営業利益を昨年比20％上げる」とする必要があります。

図：目標の二面性

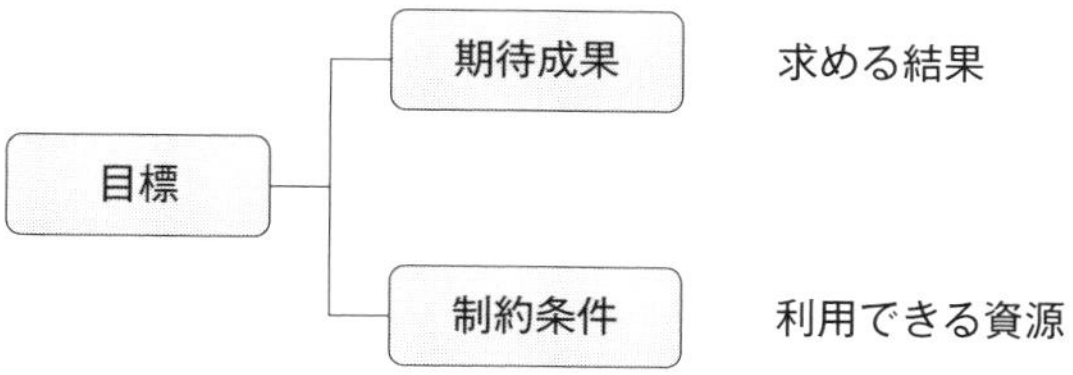

目標を決めるものには、上の図の通り大きく二つあります。一つは、こういう結果を上げたいという期待成果と、もう一つは使える資源（リソース）には、どのようなものがあるかという制約条件です。より重視すべきは、行動を起こした結果、どのような成果が得られるかという期待成果ですが、一方で、手持ちの資源も有限であることも

事実です。つまり、意思決定は、すべてこれら二つの調和であるとも言えます。何のために行動を起こそうとしているのかという目的を意識しながら、目標を列挙すると効果的です。

では、四葉アルミ社の例で考えてみましょう。左の図の通り、STEP 2での決定ステー

図：目標の列挙

決定ステートメント

『日用品・一般品の来期市場シェア 2% 拡大のために、販売強化策の最適案を決定する』

目標の列挙

目標
日用品・一般品の来期市場シェアの拡大が、それぞれ 2% 以上見込めること。
利益率は、できるだけ維持できること。(△ 10%以内)
顧客ニーズの把握がきちんとなされること。
会社のイメージアップに貢献すること。
法的な問題が起こらないこと。
予算は 1 億円以内とすること。
新規顧客の獲得につながること。(20 件以上)
既存顧客とのリレーション強化につながること。(上位層への浸透)
営業メンバーの営業スキル向上に寄与すること。
顧客からのクレーム対応が迅速になされること。
当社の強みが生かせた活動ができること。(競合との差別化が可能)
開発部との情報共有が図られること。(製品改良・新製品開発に向けた)

トメントをもとに、目標を列挙してみました。まずは、目的を起点に「日用品・一般品の来期市場シェアの拡大が、それぞれ2%以上見込めること」という目標を列挙してみました。そして、シェア拡大を狙うにあたり、単に価格を下げての薄利多売にならないように、「利益率は、できるだけ維持できること。(△10%以内)」という目標を立てました。このとき、どれだけの利益率が維持できればいいのかが、あいまいなので、目標をできるだけ具体化するために、程度情報として減少幅は「(△10%以内)」という具合に程度情報を付加しています。さらに、期待成果だけではなく、制約条件として「法的な問題が起こらないこと」、「予算は1億円以内とすること」の条件も列挙しました。このように、期待成果と制約条件を加味しながら、思いつく目標を挙げることで視覚化していきます。

目標を列挙する際には、以下のポイントに気をつけながら挙げていってください。

①決定目的から期待成果を考える

期待成果の目標とは、この決定で選択された案を実行した結果、得られる成果を具体的にしたものです。そのためには、まず決定目的をよく吟味することが、的確な目標の発見や発想につながります。つまり、決定目的を達成するための要素に分けてみると、具体的な目標が設定しやすくなります。

②利用可能な経営資源を考える

現在、この組織・チームはどのような状況におかれているのか、外部環境はどのような動向を示しているのか、どのような経営資源を持ち、期待成果を得るためにどの程度まで投入することが許されるのか、などを考えます。合わせて、法規制の観点から制約条件を考えます。

③チェックリスト・フレームワークの活用

「金・モノ・人」という言葉も、一つのチェックリストです。ここでは、一般的なチェックリストの観点を列挙します。実際には、各組織・チームの状況に合わせて、必要項目を追加するといいでしょう。また、「SMART」と呼ばれるフレームワークも目標設定に役立ちます（左の図）。

【目標の列挙のポイント】

- どのような期待成果を求めているか？
- どのような制約があるか？

図：目標のチェックリスト

金	資金、収益、売上、費用　など
モノ	原材料、製品、設備・スペース、輸送、サービス　など
人	スキル、人材・工数、組織・制度、モラル　など
時間	期限、タイミング、ライフサイクル　など
技術・情報	技術・ノウハウ、イメージ・信用、戦略　など
市場	規模、成長性、ニーズ、競合、代替品、販売チャネル　など

図：SMARTな目標設定のフレームワーク

Specific	＝	具体的か？
Measurable	＝	測定可能か？
Achievable	＝	現実的に達成可能か？
Result-oriented	＝	「成果」に基づいているか？
Time-bound	＝	期限がついているか？

図：目標の分類

目標	MUST	WANT
日用品・一般品の来期市場シェアの拡大が、それぞれ 2% 以上見込めること。	✓	
法的な問題が起こらないこと。	✓	
利益率は、できるだけ維持できること。(△ 10%以内)		✓
顧客ニーズの把握がきちんとなされること。		✓
会社のイメージアップに貢献すること。		✓
新規顧客の獲得につながること。(20 件以上)		✓
既存顧客とのリレーション強化につながること。(上位層への浸透)		✓
営業メンバーの営業スキル向上に寄与すること。		✓
顧客からのクレーム対応が迅速になされること。		✓
当社の強みが生かせた活動ができること。(競合との差別化が可能)		✓
開発部との情報共有が図られること。(製品改良・新製品開発に向けた)		✓
予算は 1 億円以内とすること。		✓

3-2　目標の分類

目標は、絶対に必要な目標となる絶対目標（以下、MUST）と望ましい目標である希望目標（以下、WANT）の二つに大きく分けることができます。選び出された目標は、どれをとっても案を選択する際に、ある程度の影響を与えます。しかし、目標の中には絶対的、圧倒的な重要性を持つものもあるし、重要ではあるが、絶対的というほどではない、というものもあります。このように、目標の分類は何が必須で、何が希望なのかを決めることを意味します。

絶対的な目標MUSTとは、命令的なものであり、この目標が達成されなければ、決定は絶対に成功しないものとなります。一方、望ましい目標WANTとは、絶対的な目標以外の目標となります。では、どのような基準で絶対目標を決めるのでしょうか。MUSTとなり得るのは、その目標が、必須（絶対的）で、判定可能（計量化できる）で、現実的であるかどうかの三つの観点で判断します。一つでも満たさないものがあれば、WANTとします。

四葉アルミ社の例で見てみましょう。ここでは92ページの図のように、絶対目標MUSTとして、「日用品・一般品の来期市場シェアの拡大が、それぞれ2％以上見込めること」、「法的な問題が起こらないこと」の二つを分類しました。これらは、MUSTの三要件（必須、判定可能、現実的）を満たすものであり、MUSTに分類しても問題なさそうです。そして、それ以外をWANTとして分類しました。

目標の分類について、もう少し考えてみます。ここでは絶対目標、つまりMUSTと、希望目標であるWANTに分類を行っていきますが、MUSTが多くなると必要以上に、案の選択が制限されてしまいかねないので、あまり多くの目標をMUSTにしないようにすることが重要です。

MUSTは、必ずしも最重要項目というわけではなく、それ以下では（または、それなしでは）選択案が意味のある結果を生み出さないという、パフォーマンスの限度を定義するものであることに注意してください。あくまで必要最低限として絶対譲れないラインとして考えるとよいかもしれません。四葉アルミ社のケースでは、いずれの目標も重要ではありますが、絶対に譲れない線としては、先ほどの上位二つをMUST目標として、それ以外は、WANT目標として取り扱うことにしました。ここで、「予算は1億円以内とすること」は、MUSTではないかという疑問を持つ方もいらっしゃるかもしれません。本当に予算が1億円しか用意できなければ、MUSTにすべきですが、もし、ある候補案が予算1億円を少し超えそうだけれど、市場シェアの拡大に大きな影響を与える（たとえば、3～5％）とした場合はどうでしょうか。この「予算は1億円以内とすること」の評価基準で、本候補案の採用可能性をなくしてしまうことになりかねません。このように、MUSTは、絶対譲れないラインとして考えるといいでしょう。WANT目標のさらなる取り扱いについては、次のサブステップで解説します。ちなみに、非常に多くの選択候補案が想定されるような場合には、一つの厳しい条件のMUSTを設定して、評価のスピードアップを図ることも可能です。

【目標の分類のポイント】

- その目標は、必須（絶対的）か？
- その目標は、判定可能（計量的）か？
- その目標は、現実的で達成可能か？

3-3　目標の重みづけ

目標の重みづけは、それぞれの希望目標であるＷＡＮＴの相対的な重要度を決めることです。つまり、重みづけをして優先順位を決めることで、各ＷＡＮＴが決定に与える影響の大きさを明らかにするために行います。一般的に、ＷＡＮＴ目標は、ＭＵＳＴに比較して多く列挙されるので、ＷＡＮＴ目標同士の優先順位を決める必要があります。絶対目標であるＭＵＳＴは、何が何でもクリアしなければならないものなので、重みづけをする必要はありません。ＷＡＮＴ目標の重みづけの方法は、10点満点法で行います。

まず、最も重要なＷＡＮＴを見つけ、それに10点を付けます。そして、この目標を基準とします。もし、同じ重要度を持つものがあれば、二つ以上のＷＡＮＴを最重要ＷＡＮＴにしてもよいです。そして、基準（10点のＷＡＮＴ）に照らして各ＷＡＮＴ目標を順に評価し、10点に比較して点数を相対的に付けていきます。二つ以上のＷＡＮＴが同じ重要度を持っていれば、それらに同じ点数を付けます。

引き続き、四葉アルミ社の例で見てみましょう。ここでは、ＷＡＮＴ目標の中で最も重要であると判断した「顧客ニーズの把握がきちんとなされること」に最高点の10点を付けました。これは、今後のシェア拡大を目指した際に、顧客ニーズの適切な把握は、製品改良・新製品開発の上で重要であるとの営業判断からです。また、営業活動の次の一手のアイデアにもなり得

図：目標の重みづけ

目標	MUST	WANT	ウェイト
日用品・一般品の来期市場シェアの拡大が、 それぞれ 2% 以上見込めること。	✓		−
法的な問題が起こらないこと。	✓		−
利益率は、できるだけ維持できること。（△ 10%以内）		✓	9
顧客ニーズの把握がきちんとなされること。		✓	10
会社のイメージアップに貢献すること。		✓	7
新規顧客の獲得に繋がること。（20 件以上）		✓	8
既存顧客とのリレーション強化に繋がること。 （上位層への浸透）		✓	7
営業メンバーの営業スキル向上に寄与すること。		✓	5
顧客からのクレーム対応が迅速になされること。		✓	4
当社の強みが生かせた活動ができること。 （競合との差別化が可能）		✓	5
開発部との情報共有が図られること。 （製品改良・新製品開発に向けた）		✓	3
予算は 1 億円以内とすること。		✓	2

るとの考えから、そのように判断しました。基準が決まれば、あとはこの目標に対しての重要度を点数化していきます。このとき、点数が1点あるいは2点だからといって、重要視しないというわけではありません。あくまで最重要度の目標に対しての相対評価だと考えてください。むしろ、思い切って点数をバラして考えたほうが、目標の重要度を適切に反映することができます。たとえば、最高点10点に対して、最低点が6点だったとすると5段階評価での評価基準となってしまいますので、10段階評価を意識して相対評価を行ってください。重みづけは、主観の相違が反映するところとなります。すでに決定目的が明示化されており、決

定目的に対する個々の基準の重要度によって重みづけが行われています。ゆえに極端な重みの差は出てこないことが多いのですが、微妙な点数の差が主観によって生じます。この相違は真のコンセンサスを得ていくことから考えると、出てきてくれたほうが望ましいのです。

なぜなら、重みづけの相違が出てきたかの根拠を論じ合うと、相手の主張の根拠の中に、自分にとっては未知であった経験や知識、知恵を見つけ出すことができるからです。特に、営業部と技術部など、ミッションが異なる部署のメンバーと議論するとその傾向が強く出ます。これは、「経験と主観のすり合わせ」、あるいは「意思の視覚化」と考えていただいて、議論を交わすべきであると考えます。よって、ここでできるだけ時間をかけて、合意を得ておくと、次のステップ以降、無駄な議論の蒸し返しを防ぐことができます。

【目標の重みづけのポイント】

- 自分たちにとって、最も重要なWANT目標はどれか?
- 各WANTの相対的重要度は、どのようなものか?
- その決定において、最重要WANTに比較し、そのほかのWANTの重要度は?

まとめ（本ステップの価値）

STEP 3：目標の設定では、目的である決定ステートメントを達成するための標識、目印となる目標の立て方について、手段となる案選択のための選択基準となるモノサシ作りを行いました。

人は、狙いどころを考えるより案を先に考えるクセがあります。学校や就職先を決めるときに、名声や評判だけで選んだ具体案から先に考えてしまった経験があるのではないでしょうか。案に飛びつくのは、やむを得ない一面もありますが、一つの案にこだわり続けると、もっと良い案を検討する機会を失ってしまいかねません。もし、先に案を思いついたときには、なぜ、この案がよいと思ったか理由を考え、目標に立ち返ると役に立ちます。目標を明確化しないで手段を探求すると、結果的に案作成の幅を狭めてしまう危険性があります。

目標とは、目的に到達するための標識、目印であることが理解できたのではないでしょうか。逆に言えば、目標をすべて達成すると、目的に到達することが可能ということになります。こうしてみると、目的は成功するための必要条件であり、目標は目的の十分条件であることが分かります。よりよい目標を作るためのポイントを、次にまとめます。

- 列挙した目標が、目的の実現に有効であるかを考える。(目的との因果関係)
- 列挙した目標だけで、目的が実現できるかを考える。(何か抜け漏れがないか)
- 列挙した目標は、具体的に表現されているか。(あいまいな表現になっていないか)
- 列挙した目標は、評価しやすく表現されているか。(できるだけ定量的な表現か)

ここで、一つ目と二つ目のポイントを補足します。目的と目標の関係は、左の図のように目的が目標の上位の概念となります。目的と目標は、組織の中では100ページの図のように、鎖のようにつながっています。一般的には、上位目的は下位目的の総和により成り立つので、下位目的を目標と呼びます。目的はすべての目標がクリアされたときに、達成されます。

組織では、上位者が目的と目標を作り、目標を下位者に指示を出す。下位者にとって、上位者から受けた指示である目標は、下位者の目的となるということになります。これを目的目標連鎖と呼びます。この関係を意識しておくと、目的と目標の関係を体系立てて考えることができるようになり、抜け漏れも見つけやすくなります。

次に、三つ目と四つ目のポイントの補足です。目標を大くくりにまとめて抽象的に表現すると、きれいにまとまった印象を受けたりしますが、それは錯覚です。たとえば、「危機意識を持って頑張る」、「全員一丸で取り組む」など分かったようで分からない目標です（どちらかと言えば標語）。目標を具体化しようとすれば、背景状況の確認（もしくは追加調査）に立ち返らざるを得ません。この目標について何が起きているのか、また起きそうなのかという情報の中から、何を狙うのかをあらためて考える必要があります。特に、目標設定の初期の段階では、必要な情報が揃っていないことが多々あります。なので、目標を書いてみて、もし抽象的であったとするならば、どんな情報を掴めば具体化できるかを考え、追加調査を行います。さらには、目標を書いたときに、どの程度まで何を達

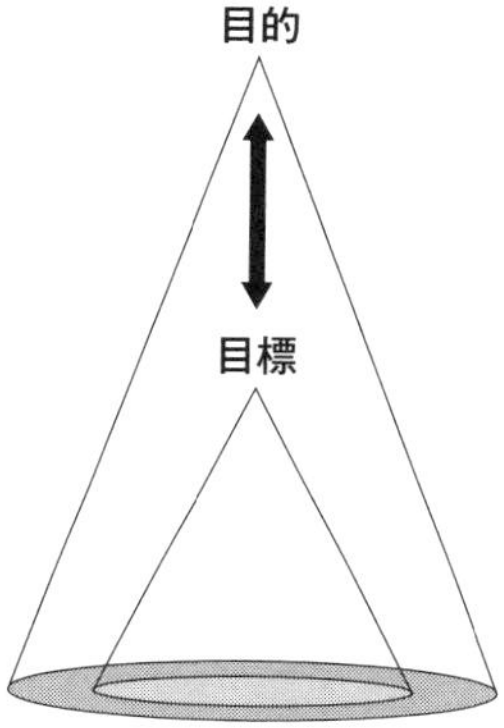

図：目的目標連鎖

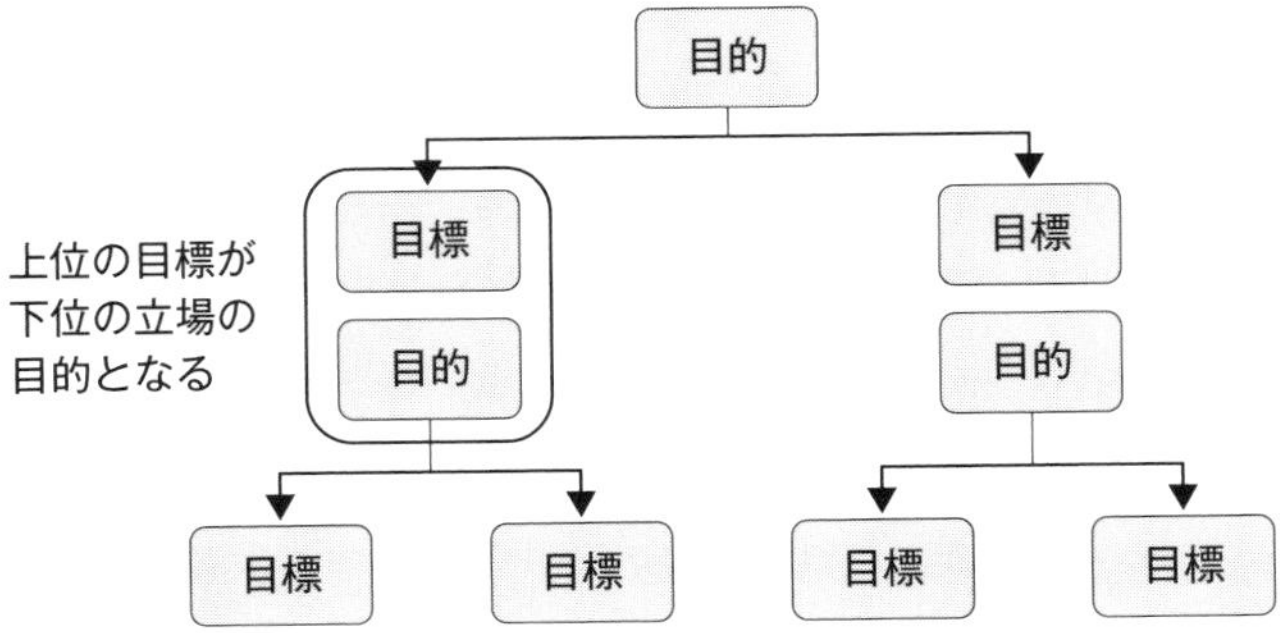

成したいのかを、できる限り数量的に目標化しておくことが重要です。

このように第3章（ＳＴＥＰ３）では、目的に到達するための標識、目印となる「目標の設定」を行いました。第４章（ＳＴＥＰ４）では、手段となる選択案としての「案の作成と評価」を行います。

【ＳＴＥＰ３で提供する武器】目標の設定ワークシート（事例付き）

目標の分類ワークシートの全容は、左の図の通りです。また、サブステップ別のポイント（プロセス質問）の一覧の表も合わせて示します。

図：目標の設定ワークシート（事例付き）

【STEP 3】 目標の設定

決定ステートメント
『日用品・一般品の来期市場シェア 2% 拡大のために、販売強化策の最適案を決定する』

目標の列挙

目標
日用品·一般品の来期市場シェアの拡大が、それぞれ 2% 以上見込めること。
利益率は、できるだけ維持できること。（△ 10%以内）
顧客ニーズの把握がきちんとなされること。
会社のイメージアップに貢献すること。
法的な問題が起こらないこと。
予算は 1 億円以内とすること。
新規顧客の獲得につながること。(20 件以上)
既存顧客とのリレーション強化につながること。（上位層への浸透）
営業メンバーの営業スキル向上に寄与すること。
顧客からのクレーム対応が迅速になされること。
当社の強みが生かせた活動ができること。（競合との差別化が可能）
開発部との情報共有が図られること。（製品改良・新製品開発に向けた）

目標の分類

目標	MUST	WANT
日用品·一般品の来期市場シェアの拡大が、それぞれ 2% 以上見込めること。	✓	
法的な問題が起こらないこと。	✓	
利益率は、できるだけ維持できること。（△ 10%以内）		✓
顧客ニーズの把握がきちんとなされること。		✓
会社のイメージアップに貢献すること。		✓
新規顧客の獲得につながること。(20 件以上)		✓
既存顧客とのリレーション強化につながること。（上位層への浸透）		✓
営業メンバーの営業スキル向上に寄与すること。		✓
顧客からのクレーム対応が迅速になされること。		✓
当社の強みが生かせた活動ができること。（競合との差別化が可能）		✓
開発部との情報共有が図られること。（製品改良・新製品開発に向けた）		✓
予算は 1 億円以内とすること。		✓

目標の重みづけ

目標	MUST	WANT	ウェイト
日用品·一般品の来期市場シェアの拡大が、それぞれ 2% 以上見込めること。	✓		－
法的な問題が起こらないこと。	✓		－
利益率は、できるだけ維持できること。（△ 10%以内）		✓	9
顧客ニーズの把握がきちんとなされること。		✓	10
会社のイメージアップに貢献すること。		✓	7
新規顧客の獲得につながること。(20 件以上)		✓	8
既存顧客とのリレーション強化につながること。（上位層への浸透）		✓	7
営業メンバーの営業スキル向上に寄与すること。		✓	5
顧客からのクレーム対応が迅速になされること。		✓	4
当社の強みが生かせた活動ができること。（競合との差別化が可能）		✓	5
開発部との情報共有が図られること。（製品改良・新製品開発に向けた）		✓	3
予算は 1 億円以内とすること。		✓	2

表：サブステップ別のポイント（プロセス質問）

STEP	項目	ポイント（プロセス質問）
3-1	目標の列挙	どのような期待成果を求めているか？ どのような制約があるか？
3-2	目標の分類	その目標は、必須（絶対的）か？ その目標は、判定可能（計量的）か？ その目標は、現実的で達成可能か？
3-3	目標の重みづけ	自分たちにとって、最も重要な WANT 目標はどれか？ 各 WANT の相対的重要度は、どのようなものか？ その決定において、最重要 WANT に比較し、そのほかの WANT の重要度は？

第4章
案の作成と評価

STEP 4

"STEPS" AND "WEAPONS" OF THE THOUGHT THAT INCREASE ACCURACY AND SPEED OF DECISION- MAKING

案は目的・目標の手段

案は、目標を実現する手段、すなわち具体的な行動手段のことです。前のステップ（STEP 3）で目標を正しく設定できても、それに対する案を導き出せなければ、目標は実現できません。そして、その案から最適案を選択して実行に移せば、結果として目標を達成でき、かつ最終的には目的としての得たい成果の獲得につながります。たとえば、世の中で売られている製品は、目標を綿密に立て、それらを実現するために、最適な案を選択して、その案を実行した成果とも言えます。ユーザーの嗜好で大きく売れ行きが左右されるファミリーカーで考えてみると、スタイル（内装・外装）、シートアレンジ、加速、燃費、安全性能などさまざまな要素があります。つまり、ターゲットユーザーを明確にして、何を求めているかを目標として設定し、そのための具現化した成果物が車＝製品ということになります。

製品以外にも、設備、道具などのモノ、サービスやイベント、技術、人や組織など手段として案はさまざまです。目標があれば、案が自動的に出てくるものではありません。一部には、そのようなものも確かにありますが、それらは経験済みの目標について、すでに存在するような案を持ってきて、利用しているに過ぎません。案を作り出すということは、目標に書かれた期待成果の実現と制約条件を加味しながら、最もふさわしい案を考えつくすことに他なりません。

さて、意思決定の基本的な概念は、本来、複数の選択肢から最適なものを選ぶということです。しかしながら、しばしば案を考えるときに、何か無意識の制約条件をおいてしまい、その範囲だけの単独案で済ませてしまう人を見ます。案は、先ほど述べたように手段ですから、より良い方法を工夫することで、さらなる案を考え出すことができるはずです。もし、単独案しかなければ、案を競わせてもっと良い案を発想しようとする考えが、及ばなくなってしまいます。

ある企業の経営者は、必ず部下に複数案（少なくとも二つ以上）を考えさせて、どの案にしたのかの説明をさせていました。一つの案だけにこだわるのではなく、もっと広くさまざまな観点から考えて比較した上で、これにしたいという提案にしてもらうために、そのような複数案を常に考える習慣を求めていました。このように、案についての位置づけと重要性は、ご理解いただけたかと思います。ＳＴＥＰ ４では、どんな手段で目標を達成するかの最適案選びについて考えていきたいと思います。ここでも引き続き、四葉アルミ社のケーススタディ（以下、ケース）を例に取りながら、案の作成と評価を進めていきましょう。

【ケーススタディ：案の作成と評価】

引き続き、四葉アルミ社の営業部の選抜メンバー6名が、会議室に集まり議論を重ねている。司会をしている営業本部長の川瀬から、次のコメントがなされた。
「ここまでの議論、お疲れ様でした。目標の設定では、個々の目標に対して、みんなの考えの違いが重みづけで明らかになった。普段、みんながどのように考えているかの背景も聞けて、非常に参考になったと思う。紆余曲折はあったが、これでモノサシとなる目標が決まった。次は、具体的な候補案を考えてみよう。一つだけでなく、複数の案を考えていきたい。そして、その案の中からもっともふさわしい案を選ぶこととしたい」

皆さんは、どのような案を考え、選択しますか？

案の作成と評価の進め方と武器（全体像とワークシート）

では、ＳＴＥＰ４：案の作成と評価の全体プロセスを見ていきましょう。左の図と表の通り、ＳＴＥＰ３で作成した「目標」をインプットして、二つのサブステップから構成されており、目的・目標達成の手段が決まります。

図：STEP 4　案の作成と評価

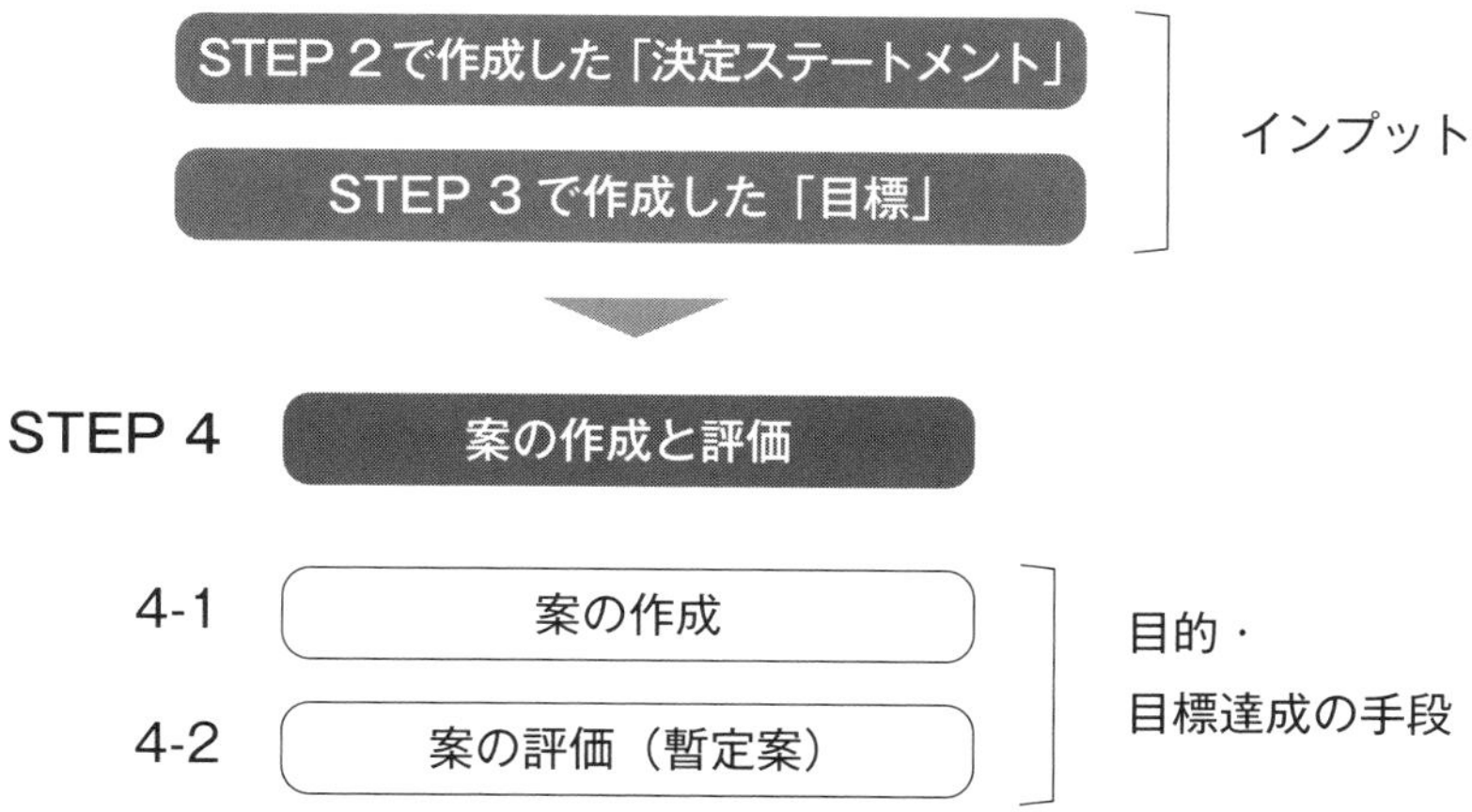

表：サブステップの項目と内容

STEP	項目	内容
4-1	案の作成	選択可能な候補案を発想する。
4-2	案の評価（暫定案）	候補案の内容を評価する。

左の図は、案の作成と評価プロセスで利用する武器となるワークシートの概要です。まずは、4－1：案の作成、4－2：案の評価という流れとなります。では、このあとステップ順にその詳細を説明するとともに、四葉アルミ社のケースを案の作成と評価ワークシートに適用しながら、使い方を具体的に見ていきましょう。

B案：			C案：		
	V	W×V		V	W×V

図：STEP 4 案の作成と評価

案の作成

A 案	
B 案	
C 案	

4-1　案の作成

選択可能な候補案を発想する。

案の評価

決定ステートメント：

分類	目標 (Objectives)		A 案：		
MUST					
		W		V	W×V
WANT					
	第 1 次評価　（暫定案）				

4-2　案の評価

候補案の内容を評価する。

W：ウェイト　　V：配

4-1　案の作成

案の作成とは、目標を満たす選択可能な候補案を発想し、複数の案を作成することです。複数案を発想することにより、選択の範囲を意識的に広げ、最高の選択を行うチャンスを広げ、かつ複数の選択肢となる案を比較することで、より良い選択ができるようにするために行います。

これしかないと思われる単独案で留まってしまったら、どうなのでしょうか。確かに、その案は立派なものかもしれませんが、あくまでそれは現時点での見立てに過ぎません。他の案をぶつけて競わせることによって、さらに高みを目指すこともできるはずです。複数の案を考えるということは、思考の範囲を広げ、多面的に物事を見ることにつながります。その結果、これまで気づかなかった視点で案を考える、あるいは既存案を改良し、ブラッシュアップを図ることができるようになるのです。ここで注意すべきは、複数の案を考える際に、最初から「これは無理だ」とか「これは効果がない」と評価をしないことです。案の評価は、次のSTEP4-2で行いますので、まずは案を考え出すことが大事です。

案の作成にあたっては、二つのタイプがあります。一つ目は、単純選定です。これは、出来合いの要素の中から案を選び出す方法です。たとえば、すでに世の中にある製品やサービスをはじめ、新しいオフィスの移転先や工場の立地場所などがそれにあたり、この中から最も目標

図：案の作成

A案	価格を引き下げ薄利多売にする。
B案	大手販売代理店を利用する。
C案	ソリューション営業力の強化を図る。
D案	新商品開発の加速と発売時期の前倒しをする。

を満たす最適案を選ぶ方法です。

二つ目は、立案選定です。これは、選択肢となる出来合いの案がまだない場合であり、自分で案を組み立てて作り出す必要があります。立案選定では、出来合いの選択肢がないので、活用可能な情報や知識から、できる限りの最適の案を組み立てていく必要があります。たとえば、これまで世の中にない製品やサービスを考え出すのが、立案選定にあたります。しかし、これはそう簡単に実現できるものではありません。新製品を開発するようなモノづくりの現場であれば、技術的な問題に直面することが多々あります。良い案が出てこないときに、まず大事なことは、対象として要件の難しさもさることながら、自分の考えを疑うことが重要です。先入観や潜在意識が、思考能力の幅を狭めている可能性があります。特に、過去の成功体験があると、時代や環境が変わっても、そのときのうまくいったやり方に固執してしまうことも、よくある話です。経験がないような領域について案を考える際には、理想案を仮説として考えてみることも有効です。モノづくりの現場では、技術的な制約からここまでしかできない、ということがよくあります。そのような場合は、制約をいったん横において理想論から出発し、そこから理想案の障害となる要素を見つけ出し、それらを解決していくことを考えます。

では、四葉アルミ社の例で考えてみましょう。111ページの図の通り、STEP 3での目標をもとに、四つの案を作成してみました。まず、A案は、価格弾力性（商品価格が変動した際に、需要あるいは供給がどのくらい変わるかを示したもの）が高くなることを期待して、価格を引き下げ薄利多売により、シェアアップを狙う方法です。B案は、大手販売代理店を利用して、商流を増やしてシェアアップを狙う方法です。C案は、ソリューション営業力の強化を図り、顧客ニーズをしっかり押さえて販売機会を増やし、シェアアップを狙う方法です。そして、D案は、新商品開発の加速と発売時期の前倒しを図り、ヒット商品で売上を増やしシェアアップを狙う方法です

では、候補案を考える際のヒントを二つ紹介します。

①目的である決定ステートメントから発想する

決定ステートメントの決定したい事柄の本質的な価値を考えると、案を発想するヒントが得られます。四葉アルミ社のケースでもシェアを拡大するには、何が必要なのかを考えつつ、シェア拡大の意味するものを踏まえて、案を発想しました。たとえば、C案のソリューション営

業力の強化を図るというのは、シェア拡大の本質が直接の売上向上に伴うものだけでなく、顧客にソリューションという形で価値を提供することが、売上そしてシェア拡大につながっていくと考え、発想しました。

②目標から発想する

特に重要な目標（ＷＡＮＴの重みづけが高いもの）に着目し、案発想のヒントとします。たとえば、顧客ニーズの把握や新規顧客の獲得というＷＡＮＴの重みづけが高い目標に対して、既存の大手販売代理店の顧客とのコネクションを活用するＢ案を考えました。また、会社のイメージアップに対して、Ｄ案の新商品の市場投入の前倒しを図ることで、対応できるのではないかと考えました。ＷＡＮＴの重みづけが高いということは、重要な評価基準であることを意味しますので、それに応えることができる案を、優先的に考えてみるとよいでしょう。

【案の作成のポイント】

- どのような候補案があるか？（複数案を考える）
- 決定ステートメントをどうやって達成するか？
- 重大な目標をどうやって達成するか？

4-2　案の評価（暫定案）

案の評価は、手段である各候補案を評価することです。STEP 3にて設定した目標を、最もよく満たす案を判定するために行います。目標には、絶対に必要な目標となる絶対目標（以下、MUST）と望ましい目標（以下、WANT）の二つがありました。この二つの目標を評価基準のモノサシとして、利用していきます。具体的な評価手順は、以下のようになります。

（1）MUSTによる絞り込み

①事実に基づいた情報を集め、記録する。
②GOまたはNO GOの判定をする。（MUST目標をクリアしているか否か）
③NO GOが一つでもある案は、すべて削除する。

（2）WANTによる比較評価

①事実に基づいた情報を集め、記録する。
②WANTごとに比較して、最もよく満たす案を選び、最高点を付ける。（たとえば10点）
③残りの案の満足度を考え、相対的にスコアをつける。（10〜1点）
④WANTの重みの点数と、各案の満足度の点数を乗じて、積を計算する。
⑤上記の積を合計し、各案の総合点を求め、値の高い案を仮決定とする。

四葉アルミ社のケースで、上記の評価手順を追いながら確認していきましょう。116〜117ページの図のような評価シートを用いて、作業を行います。まずは、STEP 3で分類したMUSTとWANT目標をシートの左側上下にそれぞれ記入します。これが、評価基準のモノサシとなります。次に、シート左上部のMUST目標に着目し、横に各案（A〜D）を並べていきます。

では、（1）MUSTによる絞り込みを行っていきます。手順①にて事実に基づいた情報を集め、シートに記入を行います。手順②にてMUST目標を満たすかどうかの判定を行います。このとき、一つ目のMUST項目の2％のシェア拡大に対し、D案以外はすべてクリアしていますが、D案だけは、新商品の投入がどう頑張っても年度後半になるとの開発部からの情報から、市場シェアの2％拡大は望めそうにないと判断し、NO GOという判定になりました。なお、二つ目のMUST項目である法的な問題については、社内で確認したところ、いずれの案もクリアできるとのことで問題なさそうです。次に手順③ですが、NO GOがある案は、削除することになるため、この段階でD案を除外することにします。これは、このままD案を継続評価しても、必須の最低条件であるMUST目標を満たしていないので、結果的に評価を行う意味がないため、この段階で除外して絞り込み、評価の効率を上げます。

B案：大手販売代理店を利用する			C案：ソリューション営業力の強化			D案：新商品開発の加速と発売時期の前倒し		
可能（代理店による）		GO	可能（育成計画による）		GO	不可能（年度後半になる）		NO GO
問題なし		GO	問題なし		GO	問題なし		GO
	V	W×V		V	W×V		V	W×V

×
MUST目標を満たさず除外

図：MUSTによる絞り込み

案の評価

決定ステートメント：
『日用品・一般品の来期市場シェア2%拡大のために、販売強化策の最適案を決定する』

分類	目標（Objectives）		A案：価格の引き下げ（薄利多売）		
MUST	日用品・一般品の来期市場シェアの拡大が、それぞれ2%以上見込めること。		可能（下げ幅による）	GO	
	法的な問題が起こらないこと。		問題なし	GO	
		W		V	W×V
WANT	顧客ニーズの把握がきちんとなされること。	10			
	利益率は、できるだけ維持できること。（△10%以内）	9			
	新規顧客の獲得につながること。(20件以上)	8			
	会社のイメージアップに貢献すること。	7			
	既存顧客とのリレーション強化につながること。（上位層への浸透）	7			
	営業メンバーの営業スキル向上に寄与すること。	5			
	当社の強みが生かせた活動ができること。（競合との差別化が可能）	5			
	顧客からのクレーム対応が迅速になされること。	4			
	開発部との情報共有が図られること。（製品改良・新製品開発に向けた）	3			
	予算は1億円以内とすること。	2			
	第1次評価　（暫定案）				

W：ウェイト　V：配点

B案：大手販売代理店を利用する			C案：ソリューション営業力の強化			D案：新商品開発の加速と発売時期の前倒し		
可能（代理店による）		GO	可能（育成計画による）		GO	不可能（年度後半になる）		NO GO
問題なし		GO	問題なし		GO	問題なし		GO
						MUST 目標を満たさず除外		
	V	W×V		V	W×V		V	W×V
間接的に可能	7	70	可能。顧客価値を最優先	10	100	評価対象外		
利益率は３割減	7	63	維持可能	10	90			
代理店の持つ商流を活用可	10	80	新営業アプローチで可能	7	56			
これまでと変わらず	7	49	新営業スタイルでイメージ向上	10	70			
代理店の持つコネクションで可能	10	70	時間は多少かかるが可能	6	42			
チャネルマネジメント力の向上	8	40	営業スキルが大幅に向上	10	50			
可能。さらに代理店の付加価値	10	50	新営業アプローチで可能	5	25			
代理店によるが十分可能	10	40	役割変更で対応	7	28			
営業部を通じて間接的に可能	9	27	社内共有で可能	8	24			
3000 万円（キャンペーン費用）	10	20	5000 万円（外部コンサル費用）	6	12			
		509			497	上記 “W×V” の点数の総和		

仮決定（B案とC案）

図：WANTによる比較評価

案の評価

決定ステートメント：
『日用品・一般品の来期市場シェア 2% 拡大のために、販売強化策の最適案を決定する』

分類	目標（Objectives）	W	A 案：価格の引き下げ（薄利多売）	V	W×V
MUST	日用品・一般品の来期市場シェアの拡大が、それぞれ 2% 以上見込めること。		可能（下げ幅による）		GO
	法的な問題が起こらないこと。		問題なし		GO
		W		V	W×V
WANT	顧客ニーズの把握がきちんとなされること。	10	これまでと変わらず	3	30
	利益率は、できるだけ維持できること。（△ 10%以内）	9	利益率は大幅減	1	9
	新規顧客の獲得につながること。(20 件以上)	8	値下げで可能性あり	5	40
	会社のイメージアップに貢献すること。	7	廉価品のイメージの懸念	3	21
	既存顧客とのリレーション強化につながること。（上位層への浸透）	7	これまでと変わらず	3	21
	営業メンバーの営業スキル向上に寄与すること。	5	これまでと変わらず	4	20
	当社の強みが生かせた活動ができること。（競合との差別化が可能）	5	これまでと変わらず	3	15
	顧客からのクレーム対応が迅速になされること。	4	これまでと変わらず	3	12
	開発部との情報共有が図られること。（製品改良・新製品開発に向けた）	3	これまでと変わらず	10	30
	予算は 1 億円以内とすること。	2	8000 万円（キャンペーン費用）	5	10
	各 WANT 目標について、横並びで評価				
	第 1 次評価 （暫定案）				208

W：ウェイト　V：配点

他と比べ、明らかに点数が離れている A 案は除外

今度は、(2)WANTによる比較評価を行っていきます。118〜119ページの図のように、先ほどの評価シートに対して、手順①の通り、事実に基づいた情報を集め、記入します。手順②は、WANTごとに横並びで比較して、最もよく満たす案を選び、最高点の10点を付けます。ここでWANT目標の1行目である「顧客ニーズの把握がきちんとなされること」に着目します(四角の枠線で囲まれているところを横並びにして着目)。この中で最もよく満たしているC案に最高点の10点を付けます。そして、手順③の通り、残りの案の満足度を考え、B案に7点、A案に3点というように、10点の案に対して相対的にスコアをつけます。次に、手順④にてWANTの重みの点数と、各案の満足度の点数を乗じて、積を計算します。たとえば、C案はW10×V10=100、B案はW10×V7=70、そしてA案は、W10×V3=30となります。以下同様に、手順②〜④を他のWANT目標(「利益率は、できるだけ維持できること」以降)についても評価を行っていきます。最後に、手順⑤として上記の積を合計し、各案の総合点を求め、値の高い案を仮決定とします。

このとき、四葉アルミ社のケースでは、A案が他と比較して著しく総合点が低いため、除外することにします。残るのはB案とC案ですが、総合点ではB案が辛うじて高いのですが、C案とはほぼ互角です。よって、B案とC案の両案を暫定案として仮決定とすることにします。この場合、暫定的な選択は、一つに絞る必要はありません。総合点に大きな開きがない場合には、2〜3の案をこの段階では選択して、残しておき次に進みます。

この作業は、客観的な数字となって結果が出るので、行っていて面白い一面があります。しかし、単なる機械的な作業にならないように気をつけるべきです。ある特定の案が当初の予想に反して、非常に得点が高い・低いと感じたら、作業を中止してどこかに欠陥がないか（特定の項目を過大・過小評価していないか）を点検し、不具合を正した上で分析し直すことが必要です。さらには、ここでの作業は、各案の満足度の面からのみの評価なので、各案の持つリスクは考えていません。よって、この時点では、あくまで残った案を仮決定ということにして、次のステップでリスクの評価を行っていきます。

【案の評価のポイント】

- その候補案は、各ＭＵＳＴを満たしているか？
- その候補案は、各ＷＡＮＴをどの程度満たしているか？
- 最も成果を満たす候補案はどれか？

まとめ（本ステップの価値）

ＳＴＥＰ ４の案の作成と評価では、目標を実現する手段としての案作りとその評価を、二つのサブステップである４－１：案の作成、４－２：案の評価を通じて行ってきました。案は、すでに出来合いのものが利用できる場合もあります（単純選定）し、新たに作り出さなければならないこと（立案選定）もあります。また、単にやるか、やらないかの二者択一的な選定の場合もあります。

どの場合においても、候補案の作成段階で目的・目標の基準を丹念に検討してみることは、意味がある作業となります。これによって、候補案が特定の範囲に偏ってしまっていないかを検討することもできますし、また、まったく候補案が浮かばない場合には、どこに創案の努力を集中すべきかを、選択基準は示してくれます（ＷＡＮＴの重みづけが高い目標は、重要視している領域と言える）。そして、選択基準による案の評価を行います。まず個々の案について、絶対目標であるＭＵＳＴを満たしているかどうかを確認します。ＭＵＳＴによる絞り込みは、ふるい落とすことが目的なので、条件に達しない案は、ここでふるい落として以降の検討対象から外します。次に残った案について、希望目標である選択基準の達成度を比較検討し、総合的にウェイトの高い希望目標を多く満たしている案を暫定的に選択します。

ここで、創造的な案を生み出す方法について、考えてみます。世の中には、状況の変化に合わせて、あの手この手を次々に考え出す人たちがいます。そういう人たちをみると、自己防衛の姿勢がほとんどなく、誰に対しても思ったことを発言しているように思えます。創造の入り口は、ああでもないこうでもないと自由に思いを巡らせることです。批判に耐え得るようなしっかりとした案を、最初から考えようとすると、思考の流れが停滞してしまいます。また、思いついた案を言葉で表現しようにも、頭の中ではイメージの状態であり、言語化が難しい場合もあります。そのような場合にはイメージのまま、絵などを駆使しながら記述します。さらに、案の多さは、臨界を超えると質に転化するという法則もあります。つまり、考えつくすということが、ポイントなのかもしれません。たとえば、近年注目を集めている「デザイン思考」も参考になるかと思います。一般的にデザイン思考は、ユーザー視点に立ってサービスやプロダクトの本質的な課題・ニーズを発見し、ビジネス上の課題を解決するための思考法とされています。この思考法の中に、「試作（プロトタイプ）」というステップがあります。ここでは着想したアイデアをもとに、サービスや製品の試作品を実際に作ってみるのです。試作品といっても、紙や段ボールで作ったものでも構いません。視覚的（ビジュアル）要素も加味しながら、機能や性能もイメージしつつ、すぐに改良を加えていくというわけです。つまり、「デザイン思考」では、一度形になったアイデアをそのままにせず、何度も改善や再考を重ねて、より良いサービスやプロダクトを追求していくことが重要とされています。

逆に良さそうな案を徹底的に疑ってみることも大切です。「これは良い案だ。これしかない」という状況になったときは、「この案はダメだ、なぜなら……」という疑いの質問を投げかけていきます。他にも、「本当にやれるのか」、「予定の成果が実現できるのか」、「誰が喜ぶのか」、「競合と戦えるのか」、「周辺に悪い影響を及ぼさないか」など、質問をぶつけて案を潰しにかかります。どんな名案にも欠陥があります。そして、質問を重ねると難しい壁が見えてくるかもしれません。この壁こそが、大きな成功へのヒントとなるかもしれません。疑うという行為は、単に否定するためのものではなく、疑うことから創造のポイントを掴み取ることにもなります。このように、案を考えるときには、あえて異なるアプローチをとることも重要なのです。

では最後に、より良い案を作るためのポイントを、次にまとめます。

- 案が目的や目標に合致しているか、因果関係を考える。（目的・目標を達成できるか）
- 平凡な案しかないときに、先入観が入り込んでいないかを考える。（他人はどう思うか）
- 考えられるだけの案を出してみる。（量からの質的転化）
- 思いついた案を徹底的に疑う。（疑うことで創造性を発揮）
- 経験がなく案が出てこないときには、理想像への仮説設定で検証情報を集める。（理想案はどこがまずいのか。どんな情報を集めて、まずい理由を検証するのか）

目的・目標に立ち返り、先入観を排除し、理想像への仮説設定アプローチを進めていけば、次々に名案が出てくるかというと、残念ながら必ずしもそうではありません。世の中にあるさまざまな方法論は、あくまで無駄なことを避けるための道具であって、最後は自分自身の意志と執着心が、成功への重要な要因となることは忘れないでください。逆に言えば、あきらめずにやり続けること、そして適切な方法論を活用すれば、妙案を作り出すことができるはずです。

このように第4章（STEP 4）では、目標を実現する手段としての「案の作成と評価」を行いました。第5章（STEP 5）では、各案が持つリスクについて「案のリスク予想と評価」を行っていきます。

【STEP 4で提供する武器】案の作成と評価ワークシート（事例付き）

案の作成と評価ワークシートの全容は、126〜127ページの図の通りです。

また、サブステップ別のポイント（プロセス質問）の一覧の表も合わせて示します。

B案：大手販売代理店を利用する			C案：ソリューション営業力の強化			D案：新商品開発の加速と発売時期前倒し		
可能（代理店による）		GO	可能（育成計画による）		GO	不可能（年度後半になる）		NO GO
問題なし		GO	問題なし		GO	問題なし		GO
						MUST目標を満たさず除外		
	V	W×V		V	W×V		V	W×V
間接的に可能	7	70	可能。顧客価値を最優先	10	100			
利益率は3割減	7	63	維持可能	10	90			
代理店の持つ商流を活用可	10	80	新営業アプローチで可能	7	56			
これまでと変わらず	7	49	新営業スタイルでイメージ向上	10	70			
代理店の持つコネクションで可能	10	70	時間は多少かかるが可能	6	42			
チャネルマネジメント力の向上	8	40	営業スキルが大幅に向上	10	50	評価対象外		
可能。さらに代理店の付加価値	10	50	新営業アプローチで可能	5	25			
代理店によるが十分可能	10	40	役割変更で対応	7	28			
営業部を通じて間接的に可能	9	27	社内共有で可能	8	24			
3000万円（キャンペーン費用）	10	20	5000万円（外部コンサル費用）	6	12			
		509			497	上記“W×V”の点数の総和		

仮決定（B案とC案）

図：案の作成と評価ワークシート（事例付き）

案の作成

A 案	価格を引き下げ薄利多売にする。
B 案	大手販売代理店を利用する。
C 案	ソリューション営業力の強化を図る。
D 案	新商品開発の加速と発売時期の前倒しをする。

案の評価

決定ステートメント：
『日用品・一般品の来期市場シェア 2% 拡大のために、販売強化策の最適案を決定する』

分類	目標（Objectives）		A 案：価格の引き下げ（薄利多売）		
MUST	日用品・一般品の来期市場シェアの拡大が、それぞれ 2% 以上見込めること。		可能（下げ幅による）		GO
MUST	法的な問題が起こらないこと。		問題なし		GO
		W		V	W×V
WANT	顧客ニーズの把握がきちんとなされること。	10	これまでと変わらず	3	30
WANT	利益率は、できるだけ維持できること。（△ 10%以内）	9	利益率は大幅減	1	9
WANT	新規顧客の獲得につながること。(20 件以上)	8	値下げで可能性あり	5	40
WANT	会社のイメージアップに貢献すること。	7	廉価品のイメージの懸念	3	21
WANT	既存顧客とのリレーション強化につながること。（上位層への浸透）	7	これまでと変わらず	3	21
WANT	営業メンバーの営業スキル向上に寄与すること。	5	これまでと変わらず	4	20
WANT	当社の強みが生かせた活動ができること。（競合との差別化が可能）	5	これまでと変わらず	3	15
WANT	顧客からのクレーム対応が迅速になされること。	4	これまでと変わらず	3	12
WANT	開発部との情報共有が図られること。（製品改良・新製品開発に向けた）	3	これまでと変わらず	10	30
WANT	予算は 1 億円以内とすること。	2	8000 万円（キャンペーン費用）	5	10
	各 WANT 目標について、横並びで評価				
	第 1 次評価　（暫定案）				208

W：ウェイト　V：配点

他と比べ、明らかに点数が離れている A 案は除外

表：サブステップ別のポイント（プロセス質問）

STEP	項目	ポイント（プロセス質問）
4-1	案の作成	どのような候補案があるか？（複数案を考える） 決定ステートメントをどうやって達成するか？ 重大な目標をどうやって達成するか？
4-2	案の評価（暫定案）	その候補案は、各 MUST を満たしているか？ その候補案は、各 WANT をどの程度満たしているか？ 最も成果を満たす候補案はどれか？

第5章
案のリスク予想と評価
STEP 5

"STEPS" AND "WEAPONS" OF THE THOUGHT THAT INCREASE ACCURACY AND SPEED OF DECISION- MAKING

リスクとは何か

STEP 4の案の作成と評価では、案を考える際に、目標を満たす選択可能な案を複数考え、それらの案が目標に対してどの程度、達成するのかをプラスの面から前向きに評価しました。しかし、案作りを終えた段階では、逆に選択した案のマイナス面を、徹底して検討する必要があります。つまり、それは案の弱点であり、リスクとなるものです。案のリスクとは、案を採用して実行したときに、想定される好ましくない（起こってほしくない）出来事です。具体的には、「この案を決定して実行したとき、何かまずいことが起きるだろうか」と考えます。たとえば、会社の事業拡張に伴い、より広いスペースを確保するために、新しいオフィス移転先を決定するケースを考えます。このとき、ある案は目標の一つである駅近の利便性を満たし、さらにオフィス賃料も比較的安い物件で、満足度が非常に高かったのですが、入居ビルの築年数が古く、耐震性の観点から地震への懸念が大きなリスクとして指摘されました。このように、案が最終的に目的と目標を達成する上での、障害となる要件を乗り越えることができるかの判断を、行う必要があります。これこそが、このステップで行う案のリスク予想と評価となります。

さてリスクには、起きる確率と起きたときの影響の大きさや程度があり、どの程度の確率で起き、どれくらいの被害が予想されるかで、候補案が採用可能であるかが決まります。確率や程度は、これまでの経験に基づく推量となりますが、統計的に判断できる場合もあれば、直感で補うしかないこともあります。リスクを抑えるには、リスク対策を施す、あるいは準備しておく必要がありますが、これには費用と時間がかかるので、場合によっては、仮決定した他の候補案（2番目以降の評価点を持つ案）が採用される場合もあります。人は、この案が実行できれば、大きな成功を手中に収められる、あるいは現在の苦境を超えられるかもしれないと思ったとたんに、リスクには目をつぶってしまいたくなるものです。さらには、自分の気に入った案は、すぐにでも実行に移したくなります。だからこそ、案の実行を阻む事態をリスクとして予想し、評価しておく必要があります。では、これまで同様に四葉アルミ社のケーススタディ（以下、ケース）を例に取りながら、案のリスク予想と評価を進めていきましょう。

【ケーススタディ：案のリスク予想と評価】

四葉アルミ社の会議室では、営業部の選抜メンバー6名が休憩を取った後、会議を再開した模様である。休憩後の営業本部長の川瀬からのコメントである。

「みんなのおかげで素晴らしい案ができた。残念ながら、A案の『価格を引き下げ薄利多売にする』と、D案の『新商品開発の加速と発売時期の前倒しをする』は、案の評価から外れてしまったが、納得はいただけたと思う。ここからは、残ったB案の『大手販売代理店を利用する』と、C案の『ソリューション営業力の強化』について、リスク面からの検討を行いたいと思う。今日の議論は、案を決定するところまでとしたいと思うので、もう少し頑張っていただきたい」

皆さんは、どのようにリスク面からの検討を行いますか?

案のリスク予想と評価の進め方と武器（全体像とワークシート）

では、STEP 5：案のリスク予想と評価の全体プロセスを見ていきましょう。左の図の通り、STEP 4で仮決定した「案（暫定案）」をインプットして、二つのサブステップから構成されており、これらによって候補案のリスクが洗い出され、最終案が決定します。

134ページの図は、案のリスクの予想と評価プロセスで利用する武器となるワークシートの概要です。まずは、5－1：リスクの予想、5－2：リスクの評価という流れとなります。では、このあとステップ順にその詳細を説明するとともに、四葉アルミ社のケースを案のリスク予想と評価ワークシートに適用しながら、使い方を具体的に見ていきましょう。

図：STEP 5 案のリスク予想と評価

STEP 4で作成した「案（暫定案）」　インプット

▼

STEP 5　案のリスク予想と評価

5-1　リスクの予想

5-2　リスクの評価（最終案）

候補案のリスク

表：サブステップの項目と内容

STEP	項目	内容
5-1	リスクの予想	候補案を実行するときのリスクを予想する。
5-2	リスクの評価 （最終案）	リスクが発生する可能性と、リスクが及ぼす影響を評価する。 成果とリスクの両面から判断し、最終選択案を決定する。

図：案のリスクの予想と評価シート

リスクの予想

案	リスクの予想（マイナス要因）

5-1　リスクの予想

候補案を実行するときのリスクを予想する。

リスクの評価

案	リスクの予想（マイナス要因）	評価	
		P	S

5-2　リスクの評価

リスクが発生する可能性と、リスクが及ぼす影響を評価する。
成果とリスクの両面から判断し、最終選択案を決定する。

最終決定：

図：リスクの予想

リスクの予想

案	リスクの予想（マイナス要因）
Ｂ案：大手販売代理店を利用する	・シェア拡大 2% 以上を達成するために、多額のマージン費用を要求される。 ・顧客ニーズが間接的にしか把握できないので、事業計画が立てづらくなる。 ・代理店の保有する顧客コネクションが期待外れだった。 ・チャネルマネジメントがうまくいかず、ブランドイメージの低下を招いてしまう。 ・提携候補の販売代理店が、競合と先に手を組んでしまう。
Ｃ案：ソリューション営業力の強化	・ソリューション営業力強化のための育成成果が、年度内に間に合わない。 ・営業メンバーの習得スキルに差が生じてしまい、想定よりも成果が出ない。 ・やり慣れた営業手法を大きく変えることへの反発が、営業部内で広がる。 ・スキルの定着化が、翌年度以降にも影響してしまう。 ・外部コンサルへの外注費用がかさんでしまう。

5－1　リスクの予想

リスクの予想とは、候補案を選択した場合に起こるかもしれないリスクを想定することです。決定にあたって考慮すべきリスクを、認識するために行います。リスクは、案のマイナス要因であり、案を実施する上での障害や、その実施に伴う副作用となります。具体的な質問として、「この案を決定して実行したとき、何かまずいことが起きるだろうか」と問いかけてみてください。良い案と思われる案であればあるほど、すぐに実行したくなるものですが、一方で、それに伴うマイナス要因にも細心の注意を払う必要があります。そして、多く場合、マイナス要因は案ごとに固有なので、案を絞り込んでからリスクを検討するほうが、効率がいいと言えます。

Ｂ案：大手販売代理店を利用する			Ｃ案：ソリューション営業力の強化		
可能（代理店による）		GO	可能（育成計画による）		GO
問題なし		GO	問題なし		GO
	V	W × V		V	W × V
間接的に可能	7	70	可能。顧客価値を最優先	10	100
利益率は３割減	7	63	維持可能	10	90
代理店の持つ商流を活用可	10	80	新営業アプローチで可能	7	56
これまでと変わらず	7	49	新営業スタイルでイメージ向上	10	70
代理店の持つコネクションで可能	10	70	時間は多少かかるが可能	6	42
チャネルマネジメント力向上	8	40	営業スキルが大幅に向上	10	50
可能。さらに代理店の付加価値	10	50	新営業アプローチで可能	5	25
代理店によるが十分可能	10	40	役割変更で対応	7	28
営業部を通じて間接的に可能	9	27	社内共有で可能	8	24
3000万円（キャンペーン費用）	10	20	5000万円（外部コンサル費用）	6	12
		509			497

W：ウェイト　　V：配点

図：案の作成と評価ワークシート（暫定案のみ）

決定ステートメント：
『日用品・一般品の来期市場シェア 2% 拡大のために、販売強化策の最適案を決定する』

分類	目標 (Objectives)	
MUST	日用品・一般品の来期市場シェアの拡大が、それぞれ 2% 以上見込めること。	
	法的な問題が起こらないこと。	
		W
WANT	顧客ニーズの把握がきちんとなされること。	10
	利益率は、できるだけ維持できること。（△ 10%以内）	9
	新規顧客の獲得につながること。(20 件以上)	8
	会社のイメージアップに貢献すること。	7
	既存顧客とのリレーション強化につながること。（上位層への浸透）	7
	営業メンバーの営業スキル向上に寄与すること。	5
	当社の強みが生かせた活動ができること。（競合との差別化が可能）	5
	顧客からのクレーム対応が迅速になされること。	4
	開発部との情報共有が図られること。（製品改良・新製品開発に向けた）	3
	予算は 1 億円以内とすること。	2
	第 1 次評価　（暫定案）	

では、四葉アルミ社の例で考えてみましょう。135ページの図の通り、STEP 4での暫定案をもとに、B案とC案のリスクを予想してみました。B案とC案ともに、各案が持つ固有のリスクを列挙しているのが見て取れるかと思います。特にB案の場合は、代理店へ外部依存するので、コントロールしづらくなるリスクを中心に考えました。一方、C案の場合は、自社で実施する案なのですが、新しい営業手法が組織内に浸透しないリスクを考えました。

参考として、136〜137ページの図にSTEP 4にて検討した暫定案としてのB案とC案の結果を示します。

ここで、候補案の評価（暫定案）をもとに、リスクを想定するポイントを三つ取り上げたいと思います。

①MUST目標ぎりぎりのもの

MUST目標の限界ぎりぎりのところにある候補案をよく検討します。MUST目標というのは、必要最低限として絶対に譲れないラインです。つまり、かろうじてMUST目標をクリアしたものの、ぎりぎりだということは、もしかしたら該当情報の信頼性いかんによっては、クリアしない可能性もあり、リスクの視点として挙げることができます。たとえば、四葉アルミ社のケースにおけるB案では、「シェア拡大2％以上を達成するために、多額のマージン費用を要求される」、およびC案では、「ソリューション営業力強化のための育成成果が、年度内に間に合わない」というリスクを考えてみました。

②重要WANTでスコアが低いもの

重要なWANT目標に対して、評価の満足度が低い項目に対して、リスクの視点として考えます。たとえば、評価の総合点では、他の案より優れていても、重みづけの高い目標については、配点が明らかに低いような案がそれに該当します。また、四葉アルミ社のケースでは、顧客ニーズの把握は最重要WANT目標ですが、B案の配点は7点に留まっており、「顧客ニーズが間接的にしか把握できないので、事業計画が立てづらくなる」というリスクを考えました。

③仮の情報、推定の情報などを使っているもの

仮の情報、推定、あいまい、または不正確な情報、さらには変化しやすい状況に基づいた情報を使って評価を行っている箇所は、リスクの視点とします。たとえば、四葉アルミ社のケースでは、B案の代理店の持つ顧客コネクションの状況が推定情報であることから、「代理店の保有する顧客コネクションが期待外れだった」、C案の外部コンサルへの費用も現時点の概算であるため、「外部コンサルへの外注費用がかさんでしまう」というリスクを考えました。

以上は、候補案の評価からのリスク想定でしたが、その他のリスク視点としては、過去の失

敗事例や、経験者や専門化の知識や経験を活用してリスクを考えてみることが有効です。さらには、広い視点からリスクを想定するために、チェックリストを活用すると抜け漏れが防止できます。

チェックリスクの例

✓過去の失敗例と同様の問題は起きないか？
✓部分最適に偏っていないか？
✓短期的あるいは長期的視点の重みづけに変更はないか？
✓新たな競合が出現、あるいは競合相手が対応策を打ち出したら、どのような問題が生じるか？
✓相手の反応が予想と大きく異なることはないか？
✓社会的評価（イメージ、信用）に問題はないか？
✓法規制、労務上での問題はないか？
✓大きな環境変化に柔軟に対応できるか？

上記は、あくまでチェックリストの一例ですので、それぞれの組織や立場でチェックリストを作っておくとよいでしょう。

【リスクの予想のポイント】

- その案に決定した場合、どのようなリスクに直面するのか？

図：可能性Pと影響度Sの評価基準リスクの予想

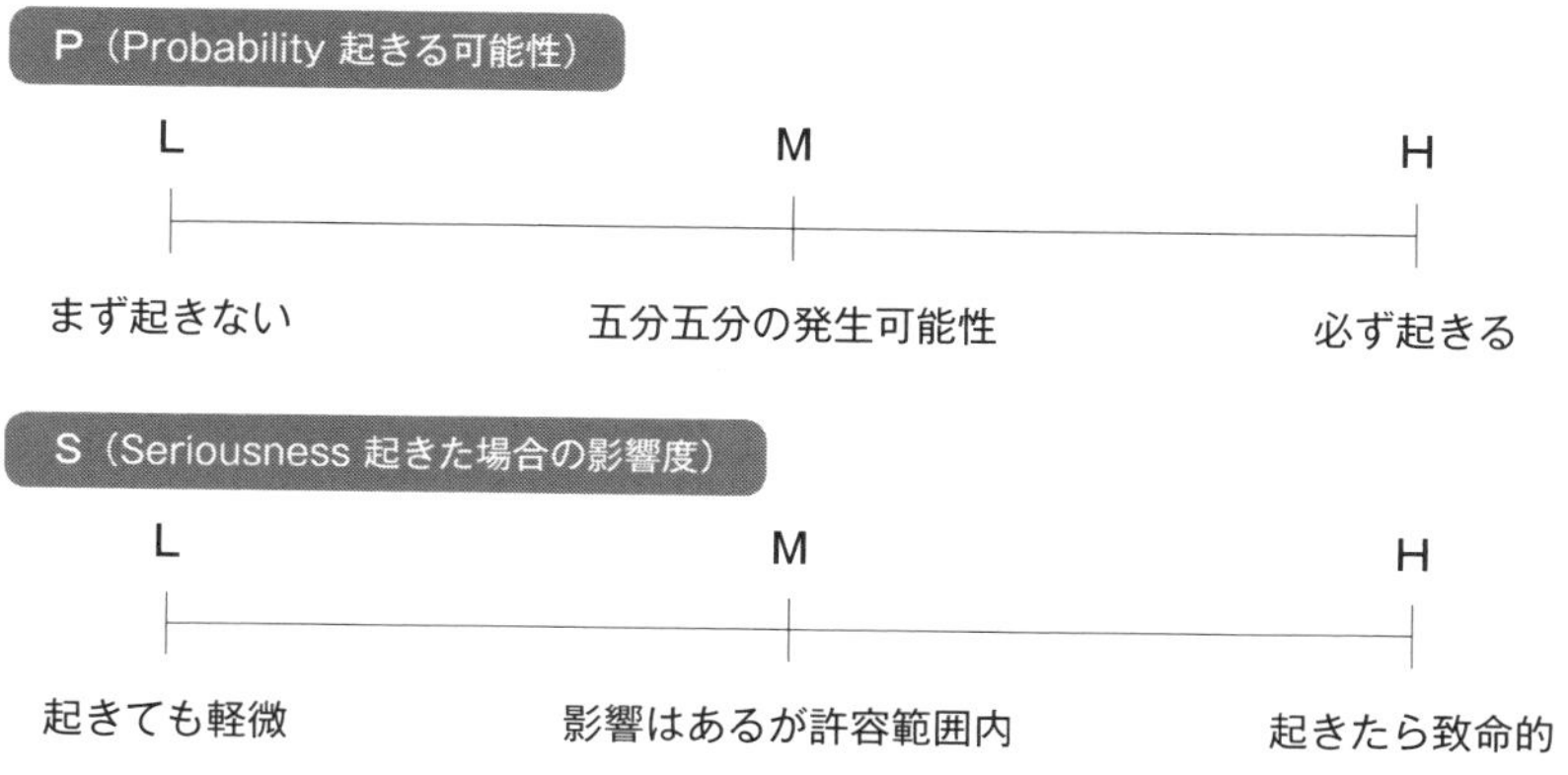

- 候補案には、将来どのようなまずいことが起こり得るか？
- その案が引き起こすまずいことは何か？

5-2 リスクの評価（最終案）

リスクの評価は、リスクが発生する可能性と、リスクが及ぼす影響を評価することです。決定に影響を及ぼすリスクを特定するために行います。そして、最後に目標を最もよく満たし、リスクも許容できる候補案を最終案として選びます。リスクの評価方法としては、列挙されたリスクの予想の項目ごとに、二つの側面であるリスクが起きる可能性をP（Probability）、リスクが起きた場合の影響度をS（Seriousness）として評価していきます。ここでは、上の図の通り、H（High）、M（Medium）、L（Low）の三段階の評価基準で行います。なお、評価には10点法で細かく行う方法もありますが、ここ

図：リスクの評価

案	リスクの予想（マイナス要因）	評価	
		P	S
B案：大手販売代理店を利用する	• シェア拡大2%以上を達成するために、多額のマージン費用を要求される。	M	H
	• 顧客ニーズが間接的にしか把握できないので、事業計画が立てづらくなる。	H	H
	• 代理店の保有する顧客コネクションが期待外れだった。	M	H
	• チャネルマネジメントがうまくいかず、ブランドイメージの低下を招いてしまう。	L	H
	• 提携候補の販売代理店が、競合と先に手を組んでしまう。	L	M
C案：ソリューション営業力の強化	• ソリューション営業力強化のための育成成果が、年度内に間に合わない。	L	H
	• 営業メンバーの習得スキルに差が生じてしまい、想定よりも成果が出ない。	M	L
	• やり慣れた営業手法を大きく変えることへの反発が、営業部内で広がる。	L	M
	• スキルの定着化が、翌年度以降にも影響してしまう。	L	M
	• 外部コンサルへの外注費用がかさんでしまう。	M	L

重大リスク

最終決定：　**C案に決定**

では分かりやすい三段階で説明します。

　では、四葉アルミ社の例で考えてみましょう。右の図のように、先ほどのリスクの予想の各項目に対して、可能性Ｐと影響度Ｓの二面から評価を行っていきます。Ｂ案の最初の項目である「シェア拡大２％以上を達成するために、多額のマージン費用を要求される」に対しては、可能性Ｐとして五分五分であり得ると判断しＭ、もしそうなったら影響度Ｓは、致命的であるとしてＨと評価しました。次に、二つ目の項目「顧客ニーズが間接的にしか把握できないので、事業計画が立てづらくなる」という点については、可能性Ｐとして代理店を利用することで起こり得ると判断しＨ、もしそうなったら影響度Ｓは、致命的であるとしてＨと評価しました。以下同様に各項目について、可能性Ｐと影響度Ｓについて評価を行っていきました。

　リスクの評価としては、可能性Ｐと影響度Ｓの組み合わせがＭ以上に着目し、どちらの案に重大リスクが多いかを見ていきます。但し、必ずＭ以上にしなければならない、というわけではなく、どこまでのリスクを意思決定者、あるいは組織として受け入れることができるかということです。１４４ページの図に示すのは、可能性Ｐと影響度Ｓの評価マトリクスになります。リスク評価において重要なのは、リスクを細かく評価するよりも、まずは自組織にとって何が重要リスクであるかを判断することです。四葉アルミ社のケースにおいては、リスクの面から見た場合、Ｂ案がＣ案より、重大リスクを多く保有していることが窺い知れます。

　そして、最後に、目標を最もよく満たし、リスクも許容できる候補案を最終案として選びま

図　可能性Pと影響度Sの評価マトリクスの例

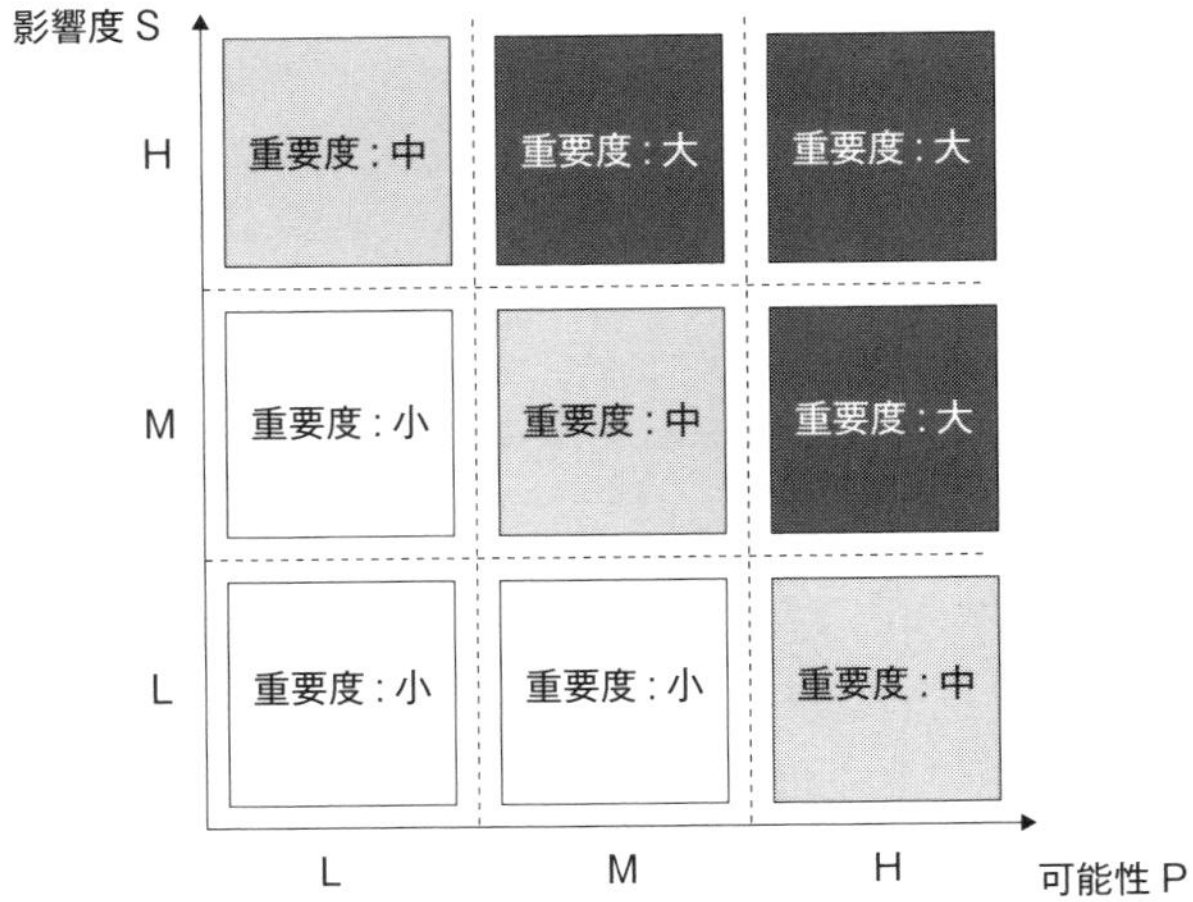

す。つまり、プラス面（目標に対する満足度）とマイナス面（好ましくない状況展開・脅威）の両方から考えます。何が良いバランスと考えるかは、意思決定者がリスク選好型か慎重型かによって、多少の違いが生じてきますが、いずれの決定をとるにしても、客観的なデータで比較がされていれば、大きなミスを起こすことは最小化されます。四葉アルミ社のケースでは、プラス面の評価は、B案、C案ともにほぼ同じ点数でした。一方、マイナス面の評価は、B案が重大リスクを多く保有していることから、総合的に結果を鑑みC案を最終案としました。

【リスクの評価のポイント】

- リスクが発生する可能性P（Probability）はどの程度か？
- リスクが及ぼす影響S（Seriousness）は

どの程度か?

- 成果とリスクのバランスから見て、どの候補案が最適か?

まとめ(本ステップの価値)

ＳＴＥＰ５では、各候補案の実施に伴って生じる好ましくない結果であるリスクを予想し、最終的な候補案の決定を行いました。リスクの予想は個々の解決案について、別個に検討します。なぜなら、積極的なプラスの側面は、共通の目標への達成度合いで評価できますが、各候補案のもたらすリスクは、個々の候補案の性質によってさまざまであることが、その理由です。各候補案について予想されたリスクは、項目別にその発生確率と影響度合いを評価します。発生確率は高くても、悪い影響の度合いが少ないものもあるし、その逆もあります。危険なのは、双方の程度がかなり高く、多少の対策を打ったぐらいでは、その危険を防ぎようがないほどのリスクが予測された場合です。発生確率と影響度合いを分けて検討することは、そのリスクを許容できるかどうかを判断するのに役立ちます。各案のリスク評価は、どちらの候補案がリスクの総量が多いかという比較を行うためよりも、むしろ各案のリスクが許容できるかどうかを検討するところに、狙いがあると言えます。そして、選択基準をより良く満たし、同時にリスクがより受けやすいものである案を、最終案として決定しました。

リスク予想での懸念は、大事なリスクを見落としてしまうこと、気がついているのにそのリスクを軽視してしまうこと、あるいは、乗り越えられるリスクであるのに過大視して、案の実行をためらうことが挙げられます。ここで、リスクを予想するためのポイントを、次にまとめます。

- 案が実行されても、目的や目標が期待通りに達成できない要因を考える。（何がうまくいかないと、達成できなくなるか）
- 外部の環境変化が、案に与える影響を考える。（どんな環境変化があると目的・目標・案についての前提が崩れるか）
- 多数の人が関係する接点について、協調が取れない要因を考える。（どんなときに、コミュニケーションがうまくいかなくなるか）
- 時間的に厳しいポイントについて、遅れの要因を考える。（どこで遅れると実行に影響があるか）
- 未経験の領域について、予測方法を考える。（誰かの知恵を借りることができるか）

以上、ＳＴＥＰ２～５までを通じて、思考ステップの全体像の後段における【2】意思決定前の基本プロセスを、解説してきました。具体的には、目的の明確化から始まり、目標の設定、案の作成と評価、そして案のリスク予想と評価というステップになります。案の選択という観点からすると、一般的には解決案を先に出して、そのメリット・デメリットを比較するという選択方法が、最もよく見かけられる決め方ではないでしょうか。それとの比較において、本プロセスの異なる点の一つ目の特徴は、選択基準を明確に設定するところにあります。選択基準を正しく設定しようとすれば、当然、決定目的と決定事項の明確化に迫られます。よって、二つ目の特徴は、あいまいな定義のまま、選択行為に入れなくなることです。そして、三つ目の特徴は、積極的なプラスの面と、マイナスの面の評価を分けて検討し、あとから双方のバランスを見る方法を取っていることです。これは、各案の持つ長所・短所をより鮮明にすると同時に、評価のための時間を効率化するのに役立ちます。

この意思決定のプロセスは集団的意思決定に際して、抜群の効力を発揮します。そのポイントは、選択基準の選定にあります。利害が対立する組織や人が集まって決定を行う場合には、それぞれの立場から選択基準を挙げてもらいます。各人が自分の意図する狙いをそれぞれ選択基準に入れてもらえるならば、そこで全員が共通の土俵に上がったことになります。あとは決定目的に照らして、重みづけを付けていくことになりますが、互いの意思を視覚化することで、感情的要素を排除し、合意形成を図っていくことが可能となるわけです。

このように第5章（ＳＴＥＰ５）では、各暫定案に対する「案のリスク予想と評価」を行いました。そして、第2章（ＳＴＥＰ２）から第5章（ＳＴＥＰ５）にかけて、思考ステップの全体像の後段に位置する「意思決定のプロセス」を説明してきました。第6章では、ビジネスへの応用について考えていきます。

【ＳＴＥＰ５で提供する武器】案のリスク予想と評価ワークシート（事例付き）

案のリスク予想と評価ワークシートの全容は、１４９ページの図の通りです。
また、サブステップ別のポイント（プロセス質問）の一覧の表も合わせて示します。

図：案のリスク予想と評価ワークシート（事例付き）

リスクの評価

案	リスクの予想（マイナス要因）	評価	
		P	S
B案：大手販売代理店を利用する	・シェア拡大2%以上を達成するために、多額のマージン費用を要求される。	M	H
	・顧客ニーズが間接的にしか把握できないので、事業計画が立てづらくなる。	H	H
	・代理店の保有する顧客コネクションが期待外れだった。	M	H
	・チャネルマネジメントがうまくいかず、ブランドイメージの低下を招いてしまう。	L	H
	・提携候補の販売代理店が、競合と先に手を組んでしまう。	L	M
C案：ソリューション営業力の強化	・ソリューション営業力強化のための育成成果が、年度内に間に合わない。	L	H
	・営業メンバーの習得スキルに差が生じてしまい、想定よりも成果が出ない。	M	L
	・やり慣れた営業手法を大きく変えることへの反発が、営業部内で広がる。	L	M
	・スキルの定着化が、翌年度以降にも影響してしまう。	L	M
	・外部コンサルへの外注費用がかさんでしまう。	M	L

最終決定：　C案に決定

表：サブステップ別のポイント（プロセス質問）

STEP	項目	ポイント（プロセス質問）
5-1	リスクの予想	その案に決定した場合、どのようなリスクに直面するのか？ 候補案には、将来どのようなまずいことが起こり得るか？ その案が引き起こすまずいことは何か？
5-2	リスクの評価 （最終案）	リスクが発生する可能性P（Probability）はどの程度か？ リスクが及ぼす影響S（Seriousness）はどの程度か？ 成果とリスクのバランスから見て、どの候補案が最適か？

第6章 ビジネスへの応用

"STEPS" AND "WEAPONS" OF THE THOUGHT THAT INCREASE ACCURACY AND SPEED OF DECISION- MAKING

実務に適用する

これまで、説明を重ねてきた意思決定のプロセスは、大きく五つのステップから構成されていました。この一連のステップをすべて一つひとつ忠実に踏んで、結論を出して実行計画まで立てる方法は意思決定プロセスの基本であり、フルステップ活用となるものです。一方で、このステップを左の図のように、前段（ＳＴＥＰ １）、後段（ＳＴＥＰ ２～５）に分割して、場面ごとに部分活用することもできます。

まず、意思決定前の状況整理となる「ＳＴＥＰ １：状況把握」を活用して、混とんとしている状況下で、何が起こっているのかを整理するときに、このステップを利用します。あるテーマや状況に対して、何が問題かを明確にし、分析・行動課題を設定し、優先順位をつける際に用いると有効です。つまり、直面する状況をどう効率的に把握するかという際に、このステップが役に立ちます。

次の意思決定のプロセスである「ＳＴＥＰ ２：目的の明確化～ＳＴＥＰ ５：案のリスク予想と評価」は、すでに何かを決める（選択する）という状況が明確であれば、ＳＴＥＰ １を省略してＳＴＥＰ ２から活用することができます。「ＳＴＥＰ １の状況把握」は、あくまで意思決定プロセスの前処理のステップなので、状況がきちんと整理されているのであれば、ＳＴＥＰ ２以降から取り組むほうが効率的に進めることができます。

図：プロセスの部分活用

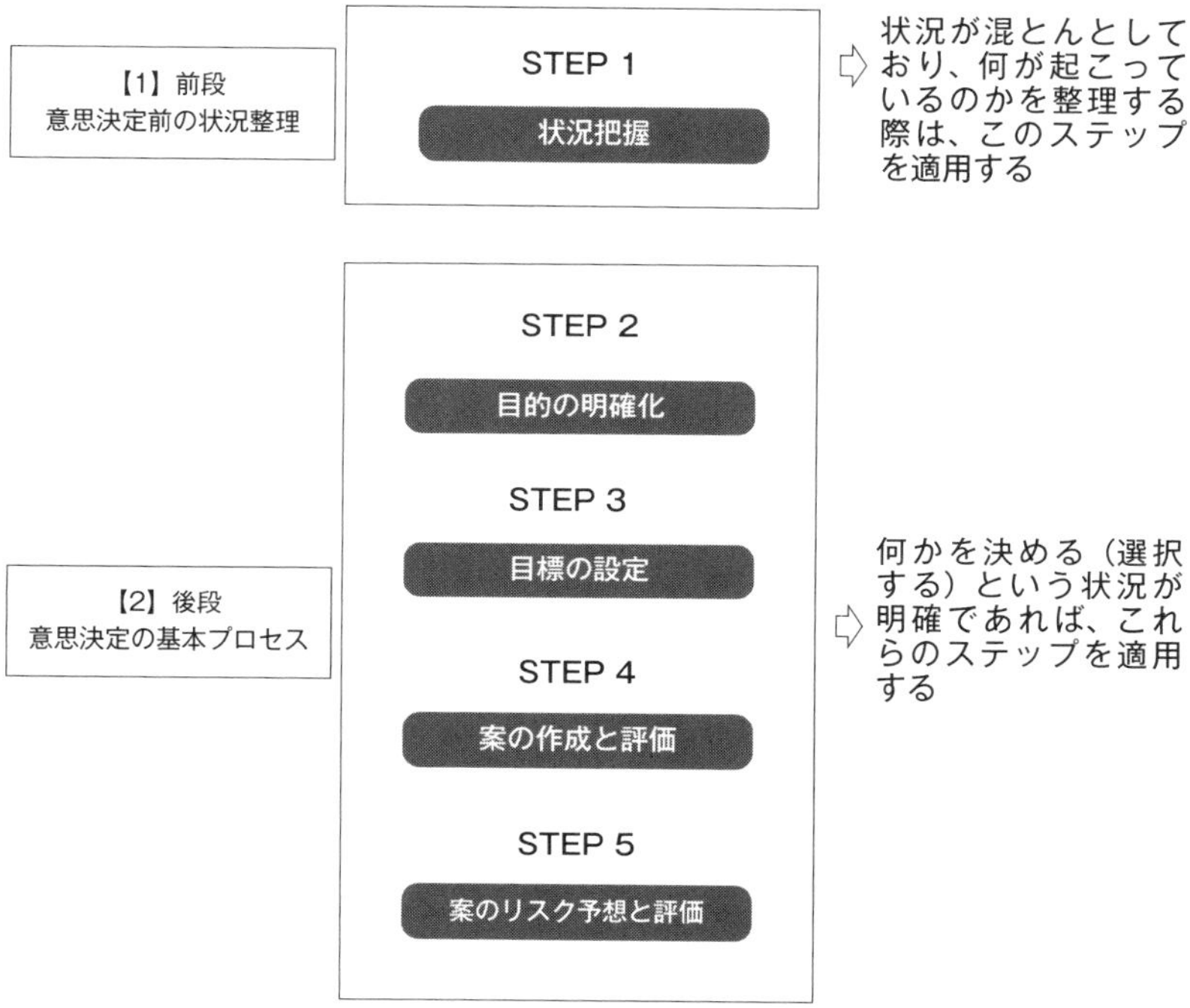

一度、思考プロセスを身につければ、活用場面は次々と広がっていきます。

そのためには、一連のプロセスを理解するだけではなく、実際の業務や日常の場面で、繰り返し使ってみることが大事です。ここでは、いくつかの具体的な場面を取り上げ、意思決定プロセスを状況に応じて、柔軟に適用してみることで、さらなる理解を深めていきます。

【ケーススタディ1】品質トラブルの事態に、どのように対処するか？

令和プラスチック工業株式会社では、熱硬化性プラスチックを使用して通信機用部品の成型を行っている。

同社製造部では不良の撲滅を目指して〝品質向上運動〟を展開しており、工場のあちこちに「品質問題はわれわれの努力で解決しよう」という標語が掲げられている。しかし、納入予定数を確保するため、ここ2～3カ月間残業が急激に増えていることから、特に若手の従業員の間には、これ以上の残業はごめんだという空気が広がっている。

現在の大きな問題は、製品の品質不良とそれに伴う納入先からのクレーム多発である。不具合にはいろいろあるが、特に問題視されているのは、図面通りの寸法が出ないこと、表面のつやが悪いこと、および完成品の電気配線方法と注意書きを表示するラベルがはがれることの三つである。

特に、主力製品であるSシリーズでは、S－10製品の取り付け用ネジ寸法のマイナスと、S－15側面のつや不良が多発している。また、3カ月前から生産が始まっており、将来増産が期待できるT社への納入品では、ラベルはがれが目立っている。S－10シリーズのネジ部寸法不良は、納入先の特採（特別採用）処置によって何とかしのいでいる。S－

15のつや不良は、当社検査課が外観目視で不良と判断し、機能的には問題ないとする製造部と対立している。一方、T社用部品のラベルはがれは、技術課の判断では、成型時の離型剤の残りがいたずらしているので、ラベル添付前のふき取りを徹底するよう製造部に要望を出している。

さて、皆さんが製造部の担当者であれば、この事態にどのように対処しますか？

《ケーススタディ1への対処》

このように状況が混とんとしている場合は、まずは前段となる【1】意思決定前の状況整理であるＳＴＥＰ１の「状況把握」を適用して、取り組み課題を設定するのが有効です。１－１テーマの設定から１－７全体像の確認までの流れを追いながら、情報をまとめて整理すると１５６～１５７ページの図のようになります。

立場：製造部　責任者

◇ 何について状況把握をしたいのか？
◇ 領域（サイズ・時間）と対象は適切か？

課題設定		解決計画	
事実の確認（根拠）	**取り組み課題の設定（課題）**	**優先順位**	**参画者**
◇ 起きたこと（何が、いつ、どこで、どの程度）を確認する。 ◇ 推定、判断などは注記を付ける。また、確認できていないことは調査する。	◇ 決定する　◇ 実施する　◇ 調査する ◇ 原因を究明する　◇ リスク対策をする ◇ 課題を再設定する	S U 評価	誰が
A-1-1：取り付け用ネジ寸法のマイナスが出ている。 A-1-2：現状は、特別採用でしのいでいる。	S-10 に起きたネジ部寸法マイナスの原因を究明する。[A-1-1]	H H　◎	設計者
	上記に関しての不足情報の調査をする。[A-1-1][A-1-2]	H H　◎	技術営業
	上記の原因究明に基づき、恒久対策を決定する。[A-1-1][A-1-2]	H M　○	設計者
B-1-1：つや不良は、当社検査課が目視検査で不良と判定している。	つやの判定基準を明確にする。[B-1-1]	M H　○	検査課
B-1-2：機能的には問題がないとしている製造部と、検査課との間で対立している。	上記の基準を関係者に徹底させる。[B-1-2]	M H　○	検査課
	つや不良の原因を究明する。[B-1-1]	H H　◎	設計者
	上記に関しての不足情報の調査をする。[B-1-1]	H H　◎	技術営業
	上記の原因究明に基づき、恒久対策を決定する。[B-1-1]	H M　○	設計者
C-1-1：技術課は、はがれの原因を離型剤の残りであるとしている。（想定）	はがれの原因が離型剤の残りであることを裏付ける。（原因究明）[C-1-1]	H H　◎	技術課
C-1-2：ラベル添付前にふき取りを徹底するよう、製造部に望んでいる。	上記裏付けに伴い、恒久対策を決定する。[C-1-1]	M H　○	技術課
	それまでの間、ふき取りを徹底させる。（暫定対策の実施）「C-1-2]	M H　○	製造部
D-1-1：上記以外の不具合の確認をしていない。（要調査）	上記以外の不具合を列挙し、整理を行う。（課題の再設定）[D-1-1]	M L　△	製造部

図：状況把握ワークシート（ケーススタディ 1）

状況把握テーマ：　納入先からの品質クレームに対する当面の課題を整理する

関心事の認識	
関心事の列挙	関心事の明確化（問題）
◇ 気になっていることは何か？ ◇ 問題と思われることは何か？	◇ 関心事の意味・意図をハッキリさせる。 ◇ 関心事の整理を行う（従属関係）。
A：S-10 が図面通りに寸法が出ない。	A-1：S-10 の寸法を図面通りに出さなければならない。
B：S-15 の表面のつやが悪い。	B-1：S-15 のつや不良をなくしたい。
C：表面ラベルのはがれ。	C-1：表面ラベルのはがれを解消したい。
D：不具合はいろいろある。	D-1:　不具合を確認し、解消しなければならない。
E：残業はごめんだという空気が強い。	E-1：残業に対して、不満を解消したい。

図：テーマの階層図

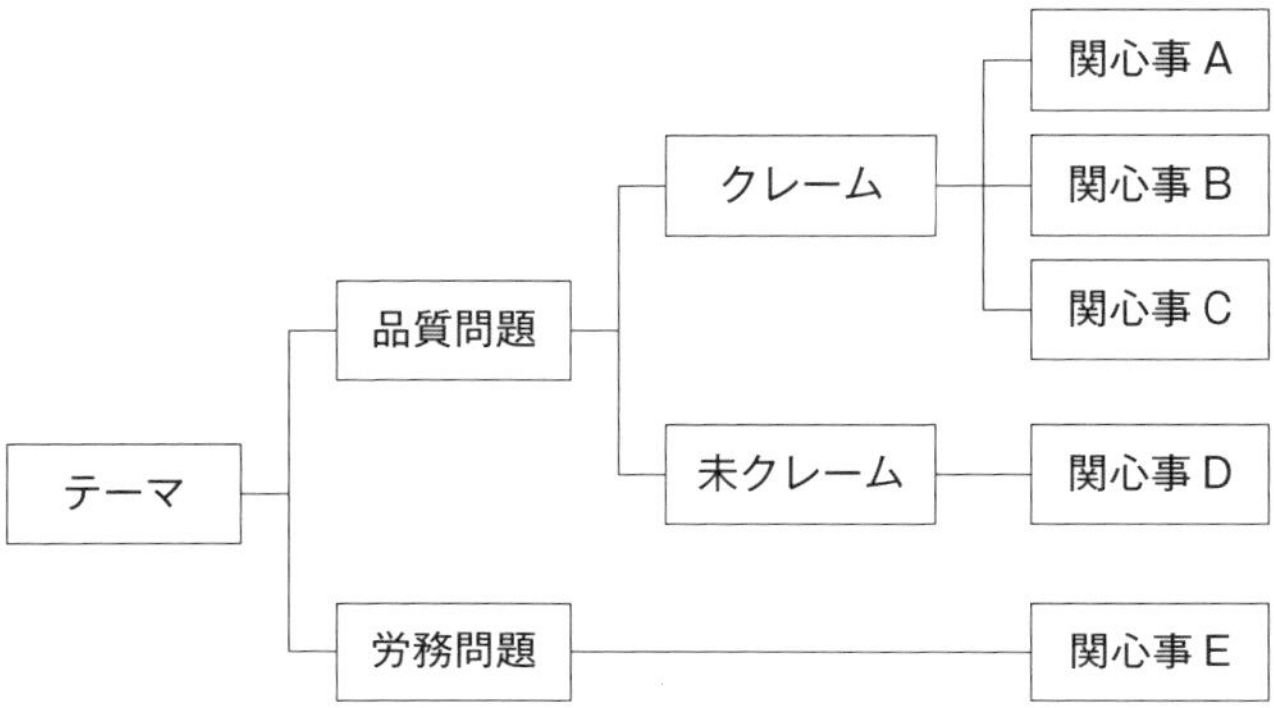

テーマを「納入先からの品質クレームに対する当面の課題を整理する」として、関心事をA～Eまで列挙し、その関心事の明確化を行いました。ちなみに、列挙された関心事の構造を表すと、上の図のようになります。今回、関心事Eである残業に関する件は、テーマである品質クレームと異なる労務問題であることから、ここでは取り扱わないことにしました（別の状況把握テーマで検討する）。

このように、状況把握のステップを活用し、目の前の状況を整理することができます。このケースでは、プロセスの部分活用として、取り組み課題の設定までとしていますが、恒久対策をどのように施していくかは、後段となる【2】意思決定前の基本プロセス以降（STEP 2～5）を活用して行っていくこととなります。

【ケーススタディ2】 フィールドサービスセンターの代替先の選定を行う

ベル・コミュニケーションズ社は、大阪に本社を持つ、アウトソーシング（外部受託）企業の一社である。これまで、IT業界の顧客企業を中心に、商品・サービスの問い合わせや、発注、受注など、電話やメールでの主にリモートのお客様対応業務（いわゆるコールセンター業務）を受託してきた。そして、20年前からはコールセンター業務だけでなく、お客様先での納入IT機器（PC、会議システム、ネットワーク機器など）のトラブル対応をはじめとする現地でのフィールドサービス業務を、IT企業から受託するようになった。こうした各地域の顧客に密着した活動を行っていることが、当社の大きな成長要因となっている。

この度、さらなる顧客密着型の事業拡大のために、エリアごとのフィールドサービス強化のプロジェクト投資を行うこととなった。このような事業強化の状況下で、予期しない問題が発生した。南九州エリアのフィールドサービスセンターが入っているビルが、この度の台風でひどい損傷を受け、一時、顧客サポートが機能しない状態になってしまった。現時点では、緊急対策を実施しており、この暫定措置がうまくいっているため、顧客サポート機能は通常通りであり、顧客には迷惑をかけていない。しかしながら、このままの状態を続けることはできないので、南九州エリアの顧客サポートを今後どのようにすべきかを、決めなくてはならない状況である。一方で、この危機の真っ只中で、ベル・コミュニケーションズ社の上層部は、南九州エリアのフィールドサービスセンターが入っているビルのリースがあと約3カ月で満期になるので、この際に、南九州エリアの顧客の要望を満たす最良の方法を見つけるために、可能性のある選択肢すべてを検討したいと考えている。

さて、皆さんが経営幹部であれば、どのように決めますか?

《ケーススタディ2への対処》

このケースの場合、意思決定前の状況整理はすでに終えており、南九州エリアの顧客サポートを今後どのようにすべきかを決めるべく、可能性のある選択肢をすべて検討するという場面となります。このようなときは、前段の【1】STEP 1の状況把握をスキップし、後段となる【2】意思決定前の基本プロセスであるSTEP 2~5を、利用するのが効率的です。

では、STEP 2の目的の明確化を行ってみましょう。決定ステートメントとして「南九州エリアの顧客の要求を満たすために、フィールドサービスセンター運営の最適案を決定する」と作成しました。

【STEP 2】 目的の明確化ワークシート

背景状況の確認

- IT 顧客企業から受託しているフィールドサービス業務が、当社の大きな成長要因となっている。
- さらなる顧客密着型の事業拡大のため、エリアごとのフィールドサービス強化のプロジェクト投資を行うことに。
- 南九州エリアのフィールドサービスセンターが入るビルが、台風でひどい損傷を受けた。
- 現在は、緊急対策でしのいでおり、顧客に迷惑をかけるまでには至っていない。
- 南九州エリアの顧客サポートを今後、どのようにするか決めなければならない。
- 現在の南九州エリアのフィールドサービスセンターが入るビルのリースはあと約３カ月で満期となる。

決定ステートメントの作成

〈目的の列挙〉

目的（何のために）	評価
・南九州エリアの顧客の要求を満たすために	◎
・エリアごとのフィールドサービス強化のため	○

〈決定事項の列挙〉

決定事項（何を）	評価
・フィールドサービスセンター運営の最適案を	◎
・フィールドサービスセンター場所の最適地を	○

〈選択行為〉　決定（選択）する

《決定ステートメントの作成》目的　＋　決定事項　＋　選択行為

南九州エリアの顧客の要求を満たすために、フィールドサービスセンター運営の最適案を決定する。

【STEP 3】 目標の設定

決定ステートメント
『南九州エリアの顧客の要求を満たすために、フィールドサービスセンター運営の最適案を決定する』

目標の列挙

目標
3カ月以内に移行を済ませられること。
運用経費を最小限に抑えられること。
顧客に受け入れられること。
従業員に対する影響を最小限に留められること。
顧客対応が迅速にできること。
移行経費を最小限に抑えること。

目標の分類

目標	MUST	WANT	
3カ月以内に移行を済ませられること。	✓		
運用経費を最小限に抑えられること。		✓	
顧客に受け入れられること。		✓	
従業員に対する影響を最小限に留められること。		✓	
顧客対応が迅速にできること。		✓	
移行経費を最小限に抑えること。		✓	
移行期間を最小限に留められること。		✓	追加

目標の重みづけ

目標	MUST	WANT	ウェイト
3カ月以内に移行を済ませられること。	✓		―
運用経費を最小限に抑えられること。		✓	10
顧客に受け入れられること。		✓	9
従業員に対する影響を最小限に留められること。		✓	7
顧客対応が迅速にできること。		✓	7
移行経費を最小限に抑えること。		✓	6
移行期間を最小限に留められること。		✓	4

（例）MUST が期待成果の場合

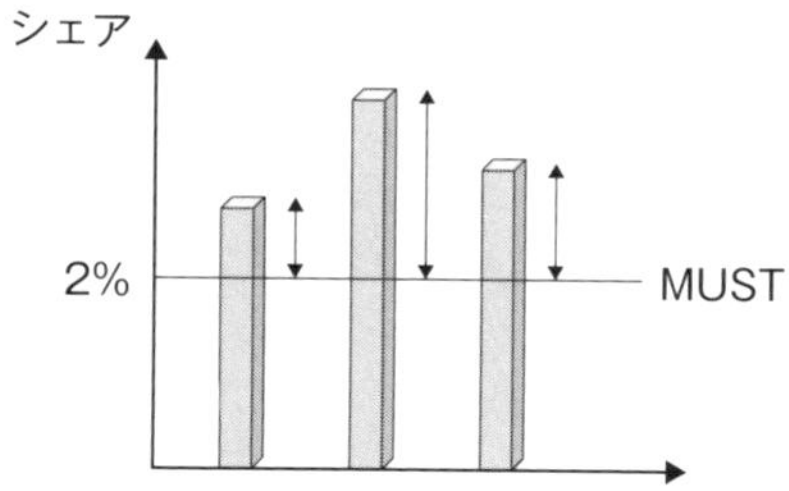

MUST を上回る部分を評価する必要がないか？

（例）MUST が制約条件の場合

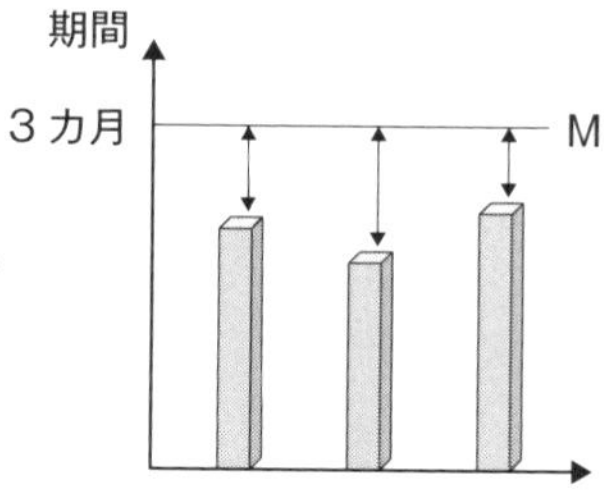

MUST を下回る部分を評価する必要がないか？

次は、STEP 3の目標の設定を行います。MUST目標に「3カ月以内に移行を済ませられること」として、それ以外をWANT目標として重みづけを行いました。ここで、着目したいのは、目標の分類にて「移行期間を最小限に留められること」のWANT目標を追加したことです。これは、「MUSTのWANT化」の検討にあたるものです。

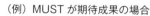

ここで取り上げる「MUSTのWANT化」というのは、候補案を評価する際、各案がどの程度MUSTを超えるのか（下回るのか）、その差を評価するために、新たなWANTが必要かどうかを検討することを意味します。詳しくは右の図で見ていきましょう。

ケースでは、「3カ月以内に移行を済ませられること」がMUST目標となります。このMUST目標というは、絶対ラインとしてクリアできるかどうかの基準となるモノサシです。そのため、絶対ラインをどの程度超えるのか（下回るのか）という点については、評価することができません。そこで、「移行期間を最小限に留められること」というＷＡＮＴ目標を追加して、ＭＵＳＴを下回るモノサシを作ったということになります。

他の例として、第３章の四葉アルミ社のケースでは、ＭＵＳＴ目標に「日用品・一般品の来期市場シェアの拡大が、それぞれ２％以上見込めること」を設定しました。このＭＵＳＴは、あくまで２％をクリアするかどうかを評価する基準なので、２％からさらに上回る部分を評価するモノサシではありません。よって、そのためには「日用品・一般品の来期市場シェアが、２％よりできるだけ大きいこと」として、ＷＡＮＴ目標を新たに追加することも可能です。

このようにＭＵＳＴのＷＡＮＴ化を検討することで、絶対ラインをクリアするか否かだけでなく、絶対ラインをどの程度上回る（下回る）かの評価のモノサシを作ることができます。細かいようですが、実際に実務で活用していく際には、役に立つモノサシ作りの考え方（テクニック）となります。

次は、ＳＴＥＰ ４の案の作成と評価を行います。ここでは、以下のように四つの候補案を考えてみました。

◆候補案A：南九州エリアの運営を分散化させる

分散化する案を実施するために3週間必要であり、移行経費は2000万円で済む。しかし、部品在庫を追加する必要があるので、運営経費は5%増加する。この案はこれまで同様で、エンジニアの仕事は電話か現場訪問で済ませられるので、顧客にとっては何も変わらない。一方、分散化によって、エンジニアの活動が把握できなくなる恐れもある。

◆候補案B：運営を北九州エリアに合併する

この案を実施するためには、準備に3週間必要であり、移行経費は5000万円かかる。さらに運営経費は、11%増加する。この案は、各地域の顧客には、各地域のフィールドサービスセンターでサービスを提供するという当初の狙いから外れてしまう。また、南九州エリアの顧客訪問は、エンジニアが250キロメートル以上出張しなくてはならなくなる。北九州エリアでは、今まで顧客の問題を素早く解決してきたが、南九州の顧客は、北九州からエンジニアが来ていることを知ると、なかなか信用しないかもしれない。さらに、南九州の顧客は、サービスの提供までに時間がかかると思い込み、見放されたと思うかもしれない。また、従業員を異動するとしても、生活費が高いわりに教育環境が良くなく、他エリアのほうが好まれるかもしれない。また、拡大する北九州エリアと増加した人員をとりまとめるのに問題が生じ、生産性が落ちる可能性もある。

◆**候補案C：南九州エリアに新しいオフィスを再設置する**

この案の実施までには、オフィスの再設置などで3カ月間必要であり、移行経費は1800万円かかる。しかし、運営経費はこれまで通りで、増加はない。当然ながらエンジニアやスタッフは、このエリアの顧客をよく知っており、顧客の不安は起きない。また、エンジニアやスタッフは、本社が進める顧客密着型のエリア開発事業にやりがいを感じている。

◆**候補案D：運営を四国エリアに合併する**

この案の実施までには、5カ月間必要であり、移行経費は3000万円かかる。また、運営経費は8%増加する。この案は、四国エリアの稼働状況にまだ十分余裕があるため、それを補う狙いもあるが、各エリアの顧客には各エリアのフィールドサービスセンターでサービスを提供するという、当初の狙いから外れてしまう。また、南九州の顧客訪問には、エンジニアが750キロメートルくらい出張しなくてはならなくなる。南九州の顧客は、四国エリアからエンジニアが来ていることを知ると、なかなか信用しないかもしれない。さらに、南九州の顧客は、サービスの提供までに時間がかかると思い込み、見放されたと思うかもしれない。

168〜169ページの図は、案の作成と評価のワークシートです。

次は、ＳＴＥＰ５の案のリスク予想と評価を行います。ＳＴＥＰ４で仮決定したＡ案とＣ案について、リスクの面から評価を行います。

それぞれにリスクが予想されますが、相対的にＣ案のリスクが小さいと判断（受け入れられる）して、最終的にＣ案に決定しました。

B案：運営を北九州エリアに合併			C案：南九州エリアに新しいオフィスを再設置			D案：運営を四国エリアに合併		
3週間		GO	3週間		GO	×		NO GO
	V	W×V		V	W×V		V	W×V
11%増加	3	30	増減なし	10	100			
顧客が慣れるまでに時間を要する	6	54	住所は変わるが同エリア	10	90			
生活費が高く、教育環境悪化	4	28	自宅通勤可能であるが離れる	8	56			
迅速に対応できない顧客も発生	6	42	以前と同じ	10	70	MUST目標を満たさず除外		
5000万円	3	18	1800万円	10	60			
3週間	10	40	3カ月間	3	12			
		0			0			
		0			0			
		212			388			

他と比べ、明らかに点数が離れているB案は除外

仮決定（A案とC案）

【STEP 4】 案の作成と評価

案の作成

A案	南九州エリアの運営を分散化。
B案	運営を北九州エリアに合併。
C案	南九州エリアに新しいオフィスを再設置。
D案	運営を四国エリアに合併。

案の評価

決定ステートメント：
『南九州エリアの顧客の要求を満たすために、フィールドサービスセンター運営の最適案を決定する』

分類	目標 (Objectives)		A案：南九州エリアの運営を分散化		
MUST	3カ月以内に移行を済ませられること。	M	3週間		GO
		W		V	W×V
WANT	運用経費を最小限に抑えられること。	10	5% 増加	8	80
	顧客に受け入れられること。	9	現場エンジニアは同じ	9	81
	従業員に対する影響を最小限に留められること。	7	自宅通勤が可能	10	70
	顧客対応が迅速にできること。	7	以前と同じ	10	70
	移行経費を最小限に抑えること。	6	2000万円	9	54
	移行期間を最小限に留められること。	4	3週間	10	40
					0
					0
	第1次評価 (暫定案)				395

W：ウェイト　V：配点

【STEP 5】 案のリスク予想と評価

リスクの評価

案	リスクの予想（マイナス要因）	評価	
		P	S
A 案：南九州エリアの運営を分散化	もし新しいコンピュータやタブレットが用意できないと、顧客サービスの質が落ちる。	M	H
	もし従業員の生産性が落ちれば、コスト増となる。	L	M
	もし社員同士が連絡をとり合わなければ、社員同士のコミュニケーションが希薄になる。	M	M
	もし社員が報告をきちんとしなければ、顧客の管理が難しくなる。	M	H
	もし社員が報告をきちんとしなければ、社員の管理が難しくなる。	M	H
C 案：南九州エリアに新しいオフィスを再設置	もし改装工事が遅れたら、顧客サービスに支障をきたす。	M	H
	もし予測できない改装工事が出た場合、経費が増える。	M	M
	もし予想外に時間がかかると、社員の管理が悪くなる。	M	L

重大リスク

最終決定：　　C 案に決定

おわりに

グローバル時代に求められる「考え方」の共有

昨今、経営環境（外部）の変化に伴い、業務内容（内部）も変化し、ますますそのスピードが速くなってきています。それは、あらゆる業界・業種で見られる傾向であり、スピードだけでなく、仕組みの複雑化、技術の高度化をもたらしています。結果、業務の分担を以前にも増して、細分化せざるを得なくなっています。

良い面としては、業務を細分化することで、より専門的になるため、深い知識が身につきます。また、業務管理も詳細に行えるようになり、ヌケ・モレといったミスの入り込む余地もなくなります。しかし、一方で悪くなった面もあります。業務分担があまりにも細分化され、業務の全体像や全体構造が見えにくくなり、境界部分の業務分担があいまいになってきました。また、業務の上位目的や期待成果よりも、当面の経営資源条件である、納期やコストを厳守することが最優先されてしまうことも、生じさせるようになりました。

我々を取り巻く環境の変化は、この流れを誰も止めることができませんし、むしろ変化は常態と見たほうが賢明であり、そのスピードは増すばかりです。そのときに、我々に何ができるかとしたら、あふれる無数の情報（データも含めて）の中から、いかにシステマティックに必要な情報を抽出するかということになります。そして、そこに知識・経験、あるいはまったく新しい発想を付加して、業務に取り組んでいく必要があります。本書で紹介した考え方のプロセスには、次のようなメリットがあります。

- 意思決定における時間・費用の無駄を極力減らすことができる。
- 情報の収集と利用の方法を改善できる。
- 相手に自分の考えを正確に伝えられる。
- 組織を構成する多数の人たちの意思を無理なく一つの方向へ導ける。
- 各人が持っている知識・経験・情報・問題意識などを共有化できる。
- 組織全体の意思決定における思考の効率を上げることができる。

さらに、グローバル化する現代では、異国間での業務効率化の観点から、業務の進め方をフェーズ化、ステップ化して共通言語化、視覚化することも必要不可欠となってきています。そこでは、合理的に自分の考えを説明できるプロセスが必要となります。私ごとになりますが、社会人として最初に就職した会社は、外資系のグローバルＩＴ企業でした。そのときに、上司から勧められて学んだのが、問題解決・意思決定の思考プロセスの技法でした。そのときは、一つのスキルとして学んだに過ぎませんでしたが、あとから組織内外における考え方の共有を図るものであったのだと理解しました。国籍や宗教が異なる社員に対して、合理的に自分の考えをいかに説明するか、そこには「思考の見える化」が重要になってきます。

変化が激しい時代だからこそ、考えるためのプラットフォームを持つ

１９９０年代以降、有名な大手企業には、優秀な人材がたくさんいるのに、なぜ間違いが起きるのかを解明する研究が盛んに行われました。その中で意思決定に失敗した多数の事例が分析され、次のような原因が指摘されました。

①情報の多さ、複雑さ、速さについていけず、情報不足を認識できない
②固定概念が壁となり、情報を正しく認識できない
③人の予測能力を超えて変化が進む
④考え方や感情の衝突で、コミュニケーションが成立しにくい　など

正しい意思決定には、必要にして十分な情報やバイアスのない認識、論理の組み立てが必要となります。しかし、こうした条件が整わない場合もあります。そこで、足りない要素を補うために、ＩＴシステムは人間の思考領域をサポートすることに貢献してきました。たとえば、人間の脳では取り扱えないような多変量要因をコンピュータに分析させモデルを作成する、膨大な情報の中から必要な情報を検索する、さらには検索の傾向を学習して必要な情報をリコメ

ンドするなど、最終的な意思決定を助ける材料を提供してくれます。ここで重要なのは、あくまでＩＴシステムは、意思決定のための支援であるということです。但し、未来では支援でなく、我々に取って代わって意思決定する日が来るかもしれませんが。

優秀な経営者をはじめとするビジネスパーソンは、今日の複雑で困難な状況に対処するため、効果的に意思決定する術を身につけています。それが、明示的であるか、暗黙的にそのような術なのかは、人によって異なりますが、少なくとも目的を定めて、それに合った案を考えていく思考プロセスは常に変わりません。付け加えるなら、目的から案を導き出すためには、何を達成すればそれが実現できるかという目標も必要になります。これが明確にならないと、目的・目標・案の因果関係がしっかり説明できません。この思考プロセスを体系的にまとめたものが、本書で説明してきた意思決定プロセスということになります。

世の中がいくら複雑化しようが、物事の原理原則は不変であると考えます。意思決定において考えた場合、ここで取り扱ってきたプロセスは、まさに思考のプラットフォームであり、そのプラットフォーム上に個別アプリケーションの位置づけとなる目的別のテーマが存在するということになります。そして、ＩＴシステムは、強力な意思決定のための支援ツールになることは、言うまでもありません。我々が、最終的な意思決定をする以上、どのようにして判断を下すのか、そして実行するのか、そのプロセスを明確にする必要があります。本書にて、これまで紹介してきた考え方が、皆さまの意思決定の精度と速度を上げることに寄与すると期待しています。

最後になりますが、本書の執筆にあたり、プレジデント社の岡本秀一さん、アップルシード・エージェンシーの宮原陽介さんのお二人には、本書の企画作成段階から原稿執筆のサポートに至るまで、貴重なアドバイスを多数いただきました。特に、初めての書籍執筆であったこともあり、難解になりがちであった文章、および情報の詰め込みすぎに対して、読者の視点で分かりやすく指摘していただきました。そして、この世界に導いていただくとともに、ときに叱咤激励をいただいた、元ケプナー・トリゴージャパンの中島一会長にも御礼を申し上げます。また、いつも苦労をかけてばかりの私を支えてくれる妻・まゆみ、昨年の春から社会人となった長男の翔悟、大学で勉強に励んでいる長女の理利にも、ありがとうの言葉を添えて、締めくくりたいと思います。

2023年1月　桐原憲昭

特別付録

意思決定の精度と速度を上げる思考のステップ全体像……177
ステップ項目と内容の一覧表……178
ステップ項目とポイント（プロセス質問）の一覧表……180
STEP 1　状況把握ワークシート……182
STEP 2　目的の明確化ワークシート……184
STEP 3　目標の設定ワークシート……185
STEP 4　案の作成と評価ワークシート……186
STEP 5　案のリスク予想と評価ワークシート……188

意思決定の精度と速度を上げる思考のステップ全体像

【1】前段　意思決定前の状況整理

STEP 1　状況把握（状況把握ワークシート）

		提供する武器
1-1	テーマの設定	関心事の認識
1-2	関心事の列挙	
1-3	関心事の明確化（問題）	
1-4	事実の確認（根拠）	課題設定
1-5	取り組み課題の設定（課題）	
1-6	優先順位・参画者の設定	解決計画
1-7	全体像の確認	

【2】後段　意思決定の基本プロセス

STEP 2　目的の明確化（目的の明確化ワークシート）

2-1	背景状況の確認	決定目的
2-2	決定ステートメントの作成	

STEP 3　目標の設定（目標の設定ワークシート）

3-1	目標の列挙	目標となる指標
3-2	目標の分類	
3-3	目標の重みづけ	

STEP 4　案の作成と評価（案の作成と評価ワークシート）

4-1	案の作成	目的・目標達成の手段
4-2	案の評価（暫定案）	

STEP 5　案のリスク予想と評価（案のリスク予想と評価ワークシート）

5-1	リスクの予想	候補案のリスク
5-2	リスクの評価（最終案）	

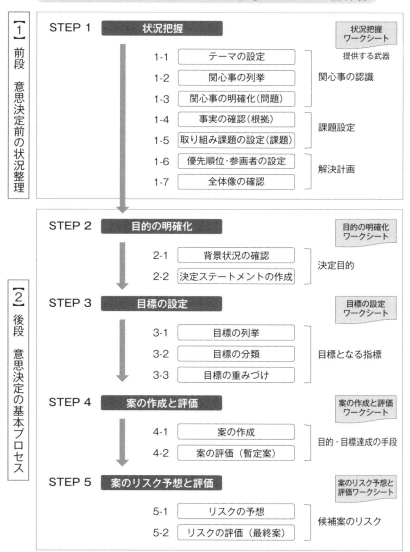

ステップ項目と内容の一覧表

STEP	項目	内容
1	状況把握	関心事の解決策を計画するためのプロセス
2	目的の明確化	選択決定にあたっての背景確認と、目的・決定事項を策定するプロセス
3	目標の設定	選択決定を行う際の評価基準を策定するプロセス
4	案の作成と評価	選択可能な候補案を作成し、評価を行うプロセス（暫定案）
5	案のリスク予想と評価	候補案を実行するときの将来の問題想定と、評価を行うプロセス（最終案）

STEP 1 状況把握

STEP	項目	内容
1-1	テーマの設定	対象（オブジェクト）と範囲（スコープ）を明確にする。
1-2	関心事の列挙	気になっていること、手を打たなければならないことなどを関心事として列挙する。
1-3	関心事の明確化（問題）	関心事の中で意味や意図がはっきりしないものを再記述・整理する。
1-4	事実の確認（根拠）	関心事に関わる事実を具体的に確認する。
1-5	取り組み課題の設定（課題）	細分化された関心事（問題）を実行すべき事柄として、課題化する。
1-6	優先順位・参画者の設定	設定された取り組み課題に、どこから手を付けるのかの優先順位をつける。
1-7	全体像の確認	設定した取り組み課題の相互関係を整理し、抜け漏れの確認をする。

STEP 2 **目的の明確化**

STEP	項目	内容
2-1	背景状況の確認	決定ステートメントの作成にあたっての背景状況の確認をする。
2-2	決定ステートメントの作成	決定目的、決定事項、選択行為を簡潔に記述する。

STEP 3 **目標の設定**

STEP	項目	内容
3-1	目標の列挙	選択に影響を与える基準を設定する。
3-2	目標の分類	決定において、目標が果たす役割を決める。
3-3	目標の重みづけ	WANT 目標の相対重要度を決める。

STEP 4 **案の作成と評価**

STEP	項目	内容
4-1	案の作成	選択可能な候補案を発想する。
4-2	案の評価(暫定案)	候補案の内容を評価する。

STEP 5 **案のリスク予想と評価**

STEP	項目	内容
5-1	リスクの予想	候補案を実行するときのリスクを予想する。
5-2	リスクの評価(最終案)	リスクが発生する可能性と、リスクが及ぼす影響を評価する。 成果とリスクの両面から判断し、最終選択案を決定する。

ステップ項目とポイント（プロセス質問）の一覧表

	STEP	項目	ポイント（プロセス質問）
状況把握	1-1	テーマの設定	何について状況把握をしたいのか？ 領域（サイズ・時間）と対象は、適切か？ 誰の立場で行うか？
	1-2	関心事の列挙	気になることがあるか？ 問題があるか？ どのような選択決定をする必要があるのか？ 達成すべきことがあるか？ 他に心配事やチャンスはあるか？
	1-3	関心事の明確化（問題）	その関心事の意味や意図は何か？ それを具体的に言うと何か？
	1-4	事実の確認（根拠）	関心事の背景となる事実（根拠）は何か？ 関連事実は？ 把握できていない事実は？ 何が、どこで、いつ、どの程度？
	1-5	取り組み課題の設定（課題）	選択をする必要があるか？ 原因究明を行う必要があるか？ リスク対策を行う必要があるか？ 不足情報の調査を行う必要があるか？ 実施をする必要があるか？ さらなる状況把握を行う必要があるか？
	1-6	優先順位・参画者の設定	どのような重大な影響があるか？ 急いで行う必要があるか？ 誰が行うのか？
	1-7	全体像の確認	関心事を解決するために、必要な取り組み課題がすべて設定されているか？ 関心事を解決できるシナリオ（ストーリー）になっているか？

	STEP	項目	ポイント（プロセス質問）
目的の明確化	2-1	背景状況の確認	決定の必要性が生じた背景とは何か？ ありたい姿、あるいは進むべき方向性をどのように考えているか？
	2-2	決定ステートメントの作成	何を決定する必要があるのか？ その決定がなぜ必要なのか？ その決定をする必要性は何から生じたのか？

	STEP	項目	ポイント（プロセス質問）
目標の設定	3-1	目標の列挙	どのような期待成果を求めているか？ どのような制約があるか？
	3-2	目標の分類	その目標は、必須（絶対的）か？ その目標は、判定可能（計量的）か？ その目標は、現実的で達成可能か？
	3-3	目標の重みづけ	自分たちにとって、最も重要なWANT目標はどれか？ 各WANTの相対的重要性は、どのようなものか？ その決定において、最重要WANTに比較し、そのほかのWANTの重要度は？

	STEP	項目	ポイント（プロセス質問）
案の作成と評価	4-1	案の作成	どのような候補案があるか？（複数案を考える） 決定ステートメントをどうやって達成するか？ 重大な目標をどうやって達成するか？
	4-2	案の評価（暫定案）	その候補案は、各MUSTを満たしているか？ その候補案は、各WANTをどの程度満たしているか？ 最も成果を満たす候補案はどれか？

	STEP	項目	ポイント（プロセス質問）
案のリスク予想と評価	5-1	リスクの予想	その案に決定した場合、どのようなリスクに直面するのか？ 候補案には、将来どのようなまずいことが起こり得るか？ その案が引き起こすまずいことは何か？
	5-2	リスクの評価（最終案）	リスクが発生する可能性P（Probability）はどの程度か？ リスクが及ぼす影響S（Seriousness）はどの程度か？ 成果とリスクのバランスから見て、どの候補案が最適か？

立場：

課題設定	解決計画	
取り組み課題の設定（課題）	優先順位	参画者
◇ 決定する　◇ 原因を究明する　◇ リスク対策をする ◇ 調査する　◇ 実施する　◇ 課題を再設定する	ＳＵ評価	誰が

[STEP 1] 状況把握ワークシート

状況把握テーマ：

関心事の認識		
関心事の列挙	関心事の明確化（問題）	関心事の確認（根拠）
◇ 気になっていることは何か？ ◇ 問題と思われることは何か？	◇ 関心事の意味・意図をハッキリさせる。 ◇ 関心事の整理を行う（従属関係）。	◇ 起きたこと（何が、いつ、どこで、どの程度）を確認する。 ◇ 推定、判断などは注記を付ける。また、確認できていないことは調査する。

[STEP 2] 目的の明確化ワークシート

背景状況の確認

決定ステートメントの作成

〈目的の列挙〉

目的 （何のために）	評価

〈決定事項の列挙〉

目的 （何を）	評価

〈選択行為〉　決定（選択）する

▼

《決定ステートメントの作成》　目的　＋　決定事項　＋　選択行為

[STEP 3] 目標の設定ワークシート

目標の列挙／目標の分類／目標の重みづけ

目標	MUST	WANT	ウェイト

A案：	

	V	W×V

B案：	

	V	W×V

C案：	

	V	W×V

W：ウェイト　　V：配点

[STEP 4] 案の作成と評価ワークシート

案の作成

A 案	
B 案	
C 案	

案の評価

決定ステートメント：

分類	目標 (Objectives)	
MUST		
		W
WANT		
	第 1 次評価　(暫定案)	

[STEP 5] 案のリスク予想と評価ワークシート

リスクの予想／リスクの評価

<table>
<tr><th rowspan="2">案</th><th rowspan="2">リスクの予想（マイナス要因）</th><th colspan="2">評価</th></tr>
<tr><th>P</th><th>S</th></tr>
<tr><td></td><td></td><td></td><td></td></tr>
<tr><td></td><td></td><td></td><td></td></tr>
</table>

最終決定：

参考文献

『意思決定入門〈第2版〉』中島 一著（日本経済新聞出版社）
『意思決定を間違わない人の習慣術』中島 一著（河出書房新社）
『即断力の磨き方』中島 一著（PHP研究所）
『新・管理者の判断力』C・H・ケプナー、B・B・トリゴー著、上野一郎 監訳（産業能率大学出版）
『智恵の思考技術』C・H・ケプナー、飯久保廣嗣著（日本能率協会マネジメントセンター）
『The New Rational Manager』Charles H. Kepner、Benjamin B. Tregoe（Princeton Research Press）
『問題解決と意思決定』クイン・スピッツア、ロン・エバンス著、小林 薫訳（ダイヤモンド社）
『問題解決と意思決定のツールボックス』ウィリアム・J・アルティエ著、木村 充訳（東洋経済新報社）

著者略歴

桐原憲昭

コラボ・ソリューションズ合同会社　代表
一般財団法人　DRIジャパン　理事
筑波大学大学院　非常勤講師

1995年、京都工芸繊維大学工芸学部電子情報工学科卒業（旧熊本電波高専から３年次編入）、1998年、電気通信大学大学院情報システム学研究科修了（工学修士）。2005年、豪州Bond University Business School MBA修了。

1998年に日本ヒューレット・パッカード株式会社に新卒入社後、株式会社日本総合研究所、デル株式会社を経て、ケプナー・トリゴー・グループ日本支社にて企業幹部・管理職向けに問題解決・意思決定力の強化に関する研修講師、および業務プロセス改革支援のコンサルティングに従事。2011年、事業の推進力のコアとなる人材育成・組織変革を支援するコラボ・ソリューションズ合同会社を起業。実務に直結した研修とハンズオン型のコンサルティングサービスを提供している。

前職含め16 年以上にわたり、日立グループ、NECグループ、JRグループ、ゆうちょ銀行、鹿島建設、リコーなど大手企業の新人から管理職まで、のべ １万5000 人、500 回以上の思考力強化に係る研修（実務支援含む）を行ってきた。

意思決定の精度と速度を上げる
思考の「ステップ」と「武器」

2023年2月19日　第1刷発行

著者　桐原憲昭
発行者　鈴木勝彦
発行所　株式会社プレジデント社
〒102-8641　東京都千代田区平河町2-16-1
https://www.president.co.jp/
https://presidentstore.jp/
電話　編集(03)3237-3732
販売(03)3237-3731

装丁　井上新八
本文デザイン　朝日メディアインターナショナル株式会社
著者エージェント　株式会社アップルシード・エージェンシー
編集　岡本秀一
制作　関 結香
販売　桂木栄一　高橋 徹　川井田美景
森田 巌　末吉秀樹　榛村光哲
印刷・製本　凸版印刷株式会社

ISBN 978-4-8334-2487-5

Printed in Japan